高等教育管理科学与工程类专业

GAODENG JIAOYU GUANLI KEXUE
YU GONGCHENG LEI ZHUANYE

系列教材

建设项目审计

JIANSHE XIANGMU SHENJI

主　编／梁　华

副主编／高冬梅　袁　平

重庆大学出版社

内容简介

本书共 14 章,主要介绍了从投资决策到招投标、合同管理到施工过程及竣工结算,延伸至项目绩效考核全过程完整的建设项目审计理论体系。并就目前审计热点难点问题如 EPC 项目审计、全过程造价审计等进行理论与实践结合的重点阐述。同时,本书还将 BIM 技术等先进的管理手段在建设项目审计中的应用进行了经验介绍。

本书可作为高等院校工程管理、工程造价、审计、财务管理等土木类、管理类和财务类本科专业学生及项目管理、工程管理、财务管理等硕士研究生的专业教材,也可供财政评审、审计和建设单位和咨询公司从业人员系统学习和参考。

图书在版编目(CIP)数据

建设项目审计 / 梁华主编. -- 重庆 : 重庆大学出
版社,2023.2
高等教育管理科学与工程类专业系列教材
ISBN 978-7-5689-2364-4

Ⅰ.①建… Ⅱ.①梁… Ⅲ.①基本建设项目—审计—
高等学校—教材 Ⅳ.①F239.63

中国国家版本馆 CIP 数据核字(2023)第 036635 号

建设项目审计

主　编:梁　华
副主编:高冬梅　袁　平
策划编辑:林青山

责任编辑:林青山　　版式设计:夏　雪
责任校对:谢　芳　　责任印制:赵　晟

*

重庆大学出版社出版发行
出版人:饶帮华
社址:重庆市沙坪坝区大学城西路 21 号
邮编:401331
电话:(023) 88617190　88617185(中小学)
传真:(023) 88617186　88617166
网址:http://www.cqup.com.cn
邮箱:fxk@cqup.com.cn(营销中心)
全国新华书店经销
重庆市美尚印务股份有限公司印刷

*

开本:787mm×1092mm　1/16　印张:8　字数:211 千
2023 年 2 月第 1 版　　2023 年 2 月第 1 次印刷
印数:1—2 000
ISBN 978-7-5689-2364-4　定价:32.00 元

前 言
QIANYAN

建设项目审计是审计专业的重要组成部分，是我国现代审计的重要内容。建设项目审计涉及诸多的审计主体、审计客体和审计内容，需要运用许多复杂的程序和方法，这使得建设项目审计具有技术性、经济性、专业性和综合性的特点。建设项目作为被管理对象的一次性工程建设任务，具有投资额大、周期长和影响深远等特点，亟须通过审计来制止和避免其实施过程中出现的各种消极因素，以促进社会经济的健康发展。

2022 年党的"二十大"提出"加快构建新发展格局，着力推动高质量发展"要求后，拉动投资、优化投资结构、构建产业布局成为各地政府开展"十四五"重要工作之一。国家审计工作对规范政府投资流程、确保投资效益具有重要作用。随着我国固定资产投资体制改革和建设项目管理体制改革的不断深入和政府投资项目管理模式不断优化，建设项目审计向着全过程跟踪审计和绩效审计等审计领域延伸，建设项目审计是一门交叉学科的课程，既融合了技术性、经济性，又强调理论与实践的结合。编者总结多年从事建设项目审计专业教学与实践的经验，联合行业头部企业如广东财贸建设工程顾问有限公司等校企合作编写了《建设项目审计》一书。本书从建设项目全过程审计及建设项目全专业审计的角度，结合传统审计方法在建设项目审计中的运用等编写而成，主要介绍了建设项目审计职业道德、审计主客体等概念，建设项目审计技术手段，相关文案的书写规范等内容。

本书是为了提高建设项目审计的审计水平而编写的。在编写过程中参阅了大量有关建设项目审计方面的资料和案例，容纳和吸收了诸多建设项目审计的研究和实践成果。本书对建设审计项目各个阶段的审计工作和要点都进行了深入阐述，并结合案例进行分析，清晰明了，有利于不同层次的读者阅读学习。

本书的出版得到了广西财经学院管理科学与工程学院工程造价专业 2018—2020 年度广西本科高校特色专业及实验实训教学基地(中心)建设项目"广西壮族自治区人民政府关于印发广西教育提升三年行动计划(2018—2020 年)的通知(桂政发〔2018〕5 号)"基金项目的资助。

由于受到资料收集和实践水平的限制，加之编者水平有限，书中难免存在疏漏之处，恳请广大读者和审计工作者批评指正，编者在此不胜感激。

编 者
2023 年 2 月

目 录

第1章 | DAOLUN

导 论

随着社会经济迅速发展,审计体系的发展愈加完善。在建设项目全周期过程中,建设项目审计对建设项目的经济效益进行评价,发现建设项目实施过程中出现的问题,进一步改善建设项目管理水平,提高建设质量。本章重点介绍审计的概念及特征、建设项目审计的概念及分类和建设项目全过程审计的概念。

1.1 审计的概念及特征

审计是社会经济发展到一定程度的产物。随着社会经济的发展,生产资料的所有权和经营权发生分离,从而出现因授权或委托经营而产生的经济责任关系。这种经济责任关系只有经过所有者授权或委托给与责任履行者不存在经济利害关系的人员独立地进行审查,才能给予确立或解除。

审计是一门独立学科,其主要研究对象是审计理论、审计方法、审计组织和审计制度等审计活动。现代审计学科体系一般由理论审计学、审计技术学、历史审计学、应用审计学4个分学科组成[1],如图1.1所示。

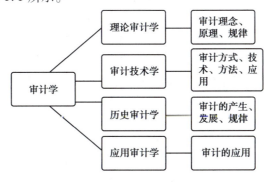

图1.1 现代审计学科体系

审计是由国家授权或接受委托的专职机构和人员,依照国家法规和审计准则,运用特定的方法,对被审计单位的财政、财务收支、经营管理活动及其相关资料的真实性、正确性、合规性、合法性、效益性进行审查的经济监督活动。审计具有以下几个基本特征:

（1）独立性

审计机构和审计人员依照法律规定，独立地行使审计监督权，按照具体规定的审计目标、内容、程序，收集与之相关的资料，严格按照审计的基本原则进行审计工作，做出正确的判断，给予专业合理的审计意见。

（2）权威性

相关审计法律法规的颁布与实施保障了审计的权威性。审计的权威性是由法律赋予的，审计人员必须严格依照相关法律、规章规定进行审计，进而确保审计结果具有权威性。

（3）公正性

审计人员必须公正地进行审计，秉持公正客观的态度对项目进行审查，并依据实际审查结果做出客观的判断，给予审计结果合理的评价。审计人员要时刻谨记审计工作的公正原则，不能以权谋私，这样才能取得审计委托者的信任，才能树立审计者公正无私的形象。

1.2　建设项目审计的概念及分类

1.2.1　建设项目审计的概念

建设项目审计是指由独立机构及其派出人员，依据一定的审计标准，运用特定的审计评价指标体系，对建设项目全过程的建设活动各阶段的经济行为进行监督、评价、鉴证的活动[2]。

中国内部审计协会 2021 年颁布的《第 3201 号内部审计实务指南——建设项目审计》第一章第二节提出："内部审计机构和内部审计人员依据法律法规和组织内部授权开展建设项目审计，审计对象是所在组织作为投资主体或建设主体所建设的项目。"由此可以看出，建设项目审计有以下几层含义：

（1）建设项目审计的主体

建设项目审计的主体主要包括国家审计机关、内部审计机构和社会审计组织。

（2）建设项目审计的客体

建设项目审计的客体即审计的对象，一般包括建设单位、施工承包单位、监理单位、勘察设计单位、物资供应单位、其他参建单位，必要时可延伸至有关联交易的单位。

建设项目审计的主体、客体和审计委托人有着紧密的联系，如图 1.2 所示。

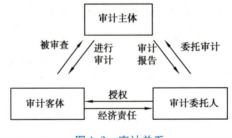

图 1.2　审计关系

（3）建设项目审计的依据

建设项目审计的依据包括国家方针政策、相关法律法规、相关规章制度及技术经济标准等。

1.2.2　建设项目审计的分类

建设项目审计的分类有多种，从不同角度对建设项目进行审计，就会产生不同的分类。常见分类如图 1.3 所示。

1）按投资主体分类

随着行业的发展，建设项目的融资模式日趋多样化，建设项目的投资主体也发生了变化。按照投资主体的不同，建设项目审计可分为国家投资建设项目审计、地方政府投资建设项目审计、单位投资建设项目审计、外商投资建设项目审计和联合投资建设项目审计。

（1）国家投资建设项目审计

国家投资建设项目审计是指对中央政府投资和以中央政府投资为主的建设项目进行审计，包括全部或主要由国家财政性资金投资的建设项目等。

（2）地方政府投资建设项目审计

地方政府投资建设项目审计是指审计机关对地方政府投资的建设项目的预算执行情况、决算等进行审计监督。

（3）单位投资建设项目审计

单位投资建设项目审计是指对单位自身投资的建设项目进行审计，主要包括企事业单位利用自有资金或自筹资金进行投资的建设项目。

（4）外商投资建设项目审计

外商投资建设项目审计是指对外商投资的建设项目进行审计，主要包括中外合资和外商独资的建设项目。

（5）联合投资建设项目审计

联合投资建设项目审计是指对由多方组成的投资联合体投资的建设项目进行审计。

2）按建设项目过程阶段分类

建设项目全生命周期可划分为投资决策阶段、项目实施阶段和项目投产使用阶段，建设项目审计也可以相应地分为建设项目投资决策阶段审计、建设项目实施阶段审计、建设项目投产使用阶段审计。

（1）建设项目投资决策阶段审计

该阶段审计包括建设项目咨询服务审计、建设项目预期盈利审计和建设项目融资情况审计等。

（2）建设项目实施阶段审计

该阶段审计包括建设项目参加者资信度审计，项目采购工作审计，财政财务收支审计，年度财务会计报表审计，项目资金来源与资金使用审计，建设单位法人经济责任审计，项目资金管理审计，建设项目概算、预算和决算审计，以及各项目参加者工作情况审计等[1]。

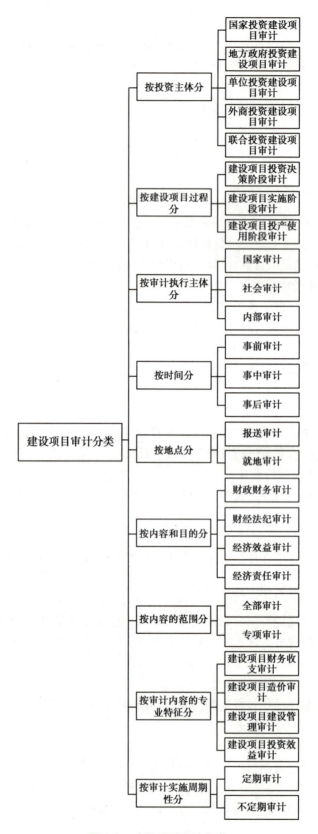

图1.3　建设项目审计分类

（3）建设项目投产使用阶段审计

该阶段审计包括建设项目竣工决算审计、经济效益审计、经济效益后评估审计、经济责任审计、投资决策审计、建设项目单位清算审计等[1]。

3）按审计执行主体分类

（1）国家审计

国家审计是指我国的审计机关对国内建设项目独立行使审计监督权，不受其他行政机关、社会团体和个人的干涉。

（2）社会审计

社会审计是指由独立的社会审计机构受托有偿进行的审计活动，也称为独立审计。

（3）内部审计

内部审计是指建设项目相关单位内部服务于管理部门的一种独立的检查、监督和评价活动。

4）按建设项目各项业务发生的时间分类

（1）事前审计

事前审计是指在建设项目经济往来发生之前，即在工程项目正式实施之前所进行的审查、评价活动。这实质上是对项目立项、资金预算、资金筹集、决策，以及风险评估进行审计。

（2）事中审计

事中审计是指在建设项目实施过程中，及时发现和反馈问题，尽早纠正偏差，保证工程建设活动按预期目标合法合理和有效地进行。其主要的审计对象有政策执行情况、资金使用情况、内部控制情况、招投标和工程进度审计情况。

（3）事后审计

事后审计是指在工程项目竣工验收交付使用之后进行的审计，如对工程项目完成情况、资金决算情况和工程项目绩效等进行审计。

5）按审计执行地点分类

（1）报送审计

报送审计又称送达审计，是指被审计单位按照审计机关的要求，将需要审查的全部资料送到审计机关所在地就地进行的审计。

（2）就地审计

就地审计又称现场审计，是审计机构派出审计小组和专职人员到被审计单位现场进行的审计。

6）按审计的内容和目的分类

（1）财政财务审计

财政财务审计是指审查建设项目财政预、决算和工程财务收支情况，并判断其是否真实正确和合规合法的审计[1]。

（2）财经法纪审计

财经法纪审计是以维护国家财经法纪，保证党和国家各项方针政策的贯彻落实为目的

一种经济监督形式[1]。

（3）经济效益审计

经济效益审计是为了促进经济效益的提高，以审查评价实现经济效益的程度和途径为内容，对被审计单位的经济活动及其经济效益状况和影响因素进行的审查、分析和评价活动[2]。

（4）经济责任审计

经济责任审计是指由独立的审计机构或审计人员依据财经法规和有关规定，对企事业单位的法定代表人或经营承包人在任期内或承包期内应负的经济责任的履行情况所进行的审查、评价和证明活动[1]。

7）按审计内容的范围分类

（1）全部审计

全部审计是指对被审计单位审计期内的全部财务收支及有关经济活动的真实性、合法性和效益性进行审计。

（2）专项审计

专项审计是指对被审计单位的某一特定项目所进行的审计活动。

8）按建设项目审计内容的专业特征分类

（1）建设项目财务收支审计

建设项目财务收支审计是指对建设项目实施过程中的财务收支情况进行审计。

（2）建设项目造价审计

建设项目造价审计是指对建设项目投资财政预算、决算情况的真实性和合法性进行审计。

（3）建设项目建设管理审计

建设项目建设管理审计是指对建设单位及其他项目参加者在建设项目建设过程中的建设行为的合法合规性、工作效率进行审计[1]。

（4）建设项目投资效益审计

建设项目投资效益审计是指对建设项目投资活动所消耗的与所收入的进行监督、评价与鉴证的活动。

9）按审计实施的周期分类

（1）定期审计
定期审计是指按照一定的时间间隔周期进行的审计。
（2）不定期审计
不定期审计是指因出于需要而临时安排的审计。

1.3 建设项目全过程审计

长期以来，我国对建设项目的审计一直沿用传统审计模式。在传统审计模式中，审计人员往往对审计对象的某一具体时段或某一具体事项给予较大关注,而对审计对象的全过程和各审计要素之间的联系会有所忽略。由于传统审计模式无法对经济活动的全过程进行全面、系统的审查,所以往往会导致经济活动出现一系列问题。因此,建设项目全过程审计的产生是审计模式发展的趋势。

建设项目全过程审计又称同步审计,是审计部门及其相应资质人员,依照相关的法律法规、规章制度等,对建设工程项目的决策阶段、实施阶段和使用阶段进行及时、动态的监督。相对于传统审计模式来说,建设项目全过程审计具有以下优点:

(1)审计内容全面

和传统的竣工结算审计相比,建设项目全过程审计涵盖整个建设程序。审计人员在建设项目的决策阶段、设计阶段、招投标阶段、工程商洽和合同签订阶段、施工阶段和运营维护阶段,对工程项目实行跟踪审计,做到事前介入、事中控制、事后监督。

(2)降低财务风险

对建设项目实行全过程审计,审计人员对工程项目的设计变更情况、隐蔽工程、材料的采购和使用,以及施工变更签证实行监督,可以控制工程造价成本,合理筹措项目资金,及时支付工程款,从而有效地降低经济费用,杜绝浪费。

(3)提升管理水平

建设项目全过程审计过程中,审计人员能够对建设项目的管理程序实行监督,确保管理合法合规。对于建设项目事前、事中所出现的问题,审计人员能及时提出,并要求管理方修正;对于已经发生的问题,在当事人了解情况后,审计人员可以令其做好相关文件的备份和归档。

建设项目全过程审计克服了事后审计的局限性,贯穿到建设项目的各个阶段,能够及时发现项目中存在的漏洞,指出并解决这些问题,确保做到"边建设、边审计、边纠正和边规范"。

1.4　建设项目审计方法

1)建设项目审计方法的选用原则

建设项目审计人员正确运用合适的审计方法,是有效提高审计工作效率的重要保证。想要正确地运用审计方法,就必须先选出合适的方法。审计机构和审计人员在选择审计方法时,应当遵循以下4点原则:

①技术经济审查、项目过程管理审查与财务审计相结合;

②事前审计、事中审计和事后审计相结合;

③注意与项目各专业管理部门密切协调、合作参与;

④根据不同的审计对象、审计所需的证据和项目审计各环节的审计目标,选择不同的方法,以保证审计工作质量和审计资源的有效配置。

2)建设项目审计方法

由于建设项目有其一定的特殊性,各类审计的对象、内容、目的、任务等都不一样,所以

在建设项目审计的不同阶段所采用的方法就有所不同,具体见表1.1。

表1.1 建设项目审计方法

审计内容	审计方法
投资立项审计	审阅法、对比分析法
设计(勘察)管理审计	分析性复核法、复算法、文字描述法、现场核查法
招投标审计	观察法、询问法、分析性复核法、文字描述法、现场核查法
合同管理审计	审阅法、核对法、重点追踪审计法
设备和材料采购审计	审阅法、网上比价审计法、跟踪审计法、分析性复核法、现场观察法、实地清查法
工程管理审计	关键线路跟踪审计法、技术经济分析法、质量鉴定法、现场核定法
工程造价审计	重点审计法、现场检查法、对比审计法
竣工验收审计	现场检查法、设计图与竣工图循环审查法
财务管理审计	调查法、分析性复核法、抽查法
后评价审计	文字描述法、对比分析法、现场核查法

习 题

一、单选题

1.以审计本单位或本系统内投资建设的所有建设项目为主的审计主体是( )。

A. 内部审计机构 B. 社会审计机构

C. 国家审计机关 D. 以上均不正确

2.建设项目决策阶段对可行性研究报告的审计行为属于( )。

A. 事前审计 B. 事中审计

C. 事后审计 D. 以上均不正确

二、多选题

1.工程审计的主体包括( )。

A. 政府审计机关 B. 企事业单位内部审计机构

C. 社会审计组织 D. 以上均不正确

2.国家审计体系由( )构成。

A. 国家审计体系 B. 地方审计机关

C. 审计机关派出机关 D. 社会审计机构

3.社会审计的权限包括( )。

A. 受理业务不受行政区域和行业的限制

B. 委托业务不受任务单位和个人干预,依法审计受法律保护

C. 执行业务有检查和查看权并有权要求提供协助

D. 有权拒绝出具不当、不实、不正确的报告

4. 工程审计按审计内容和目的划分为(　　　)。

A. 财政财务审计　　　　　　　　B. 财经法纪审计

C. 经济效益审计　　　　　　　　D. 经济责任审计

5. 按工程审计内容的专业特征分为(　　　)。

A. 工程项目财务收支审计　　　　B. 工程项目造价审计

C. 工程项目建设管理审计　　　　D. 工程项目投资效益审计

6. 按工程审计实施时间可以划分为(　　　)。

A. 事前审计　　　　B. 事中审计　　　　C. 事后审计　　　　D. 独立审计

三、判断题

1. 对于以国家投资或融资为主的基础设施项目和公益性项目,应当由国家或地方审计机关组织审计。　　　　　　　　　　　　　　　　　　　　　　　　　　　　(　　)

2. 对于非国家投资或融资的基础设施项目和公益性项目,应当由项目出资方决定审计主体。　　　　　　　　　　　　　　　　　　　　　　　　　　　　　　　　　　(　　)

3. 政府审计机关工程审计重点是以国家投资或融资为主的基础设施项目和公益性项目。　　　　　　　　　　　　　　　　　　　　　　　　　　　　　　　　　　　　(　　)

4. 非国家建设项目审计从其性质上来说属于内部审计范畴,它不从属于国家审计的监督、评价体系。　　　　　　　　　　　　　　　　　　　　　　　　　　　　　　(　　)

四、简答题

工程项目的审计依据包括哪些层次?

第2章 建设项目审计相关法律法规及职业道德

JIANSHE XIANGMU SHENJI XIANGGUAN FALÜ FAGUI JI ZHIYE DAODE

法律是由国家制定或认可的,并由国家强制力保证实施的,以规定当事人权利和义务为内容的具有普遍约束力的社会规范。这些年来,我国相继颁布了许多与审计相关的法律法规,不仅进一步完善了审计法律体系,还为审计工作提供了重要依据和强有力的保证,促进了审计体系的科学化发展。

2.1 审计相关法律法规

2.1.1 审计的相关法律法规

审计法律规范是由国家制定或认可的,并由国家强制力保证实施的调整各种审计监督关系的行为规则[1]。它同其他法律规范一样具有强制性和权威性,它规定了审计人员应该做什么、必须做什么和不能做什么。如果审计人员的行为违反了审计法律规范的相关规定,将承担相应的法律责任。审计的相关法律法规有以下几种:

1)《中华人民共和国宪法》

《中华人民共和国宪法》是我国的根本法,它关于审计监督的规定具有最高的法律效力,一切审计法律、行政法规、地方性法规都不得同宪法相抵触。

2)《中华人民共和国审计法》

《中华人民共和国审计法》(以下简称《审计法》)是由国家制定并认可的,并由国家以强制力保证实施的,具有普遍约束力的,调整审计活动中形成的各种审计关系的法律规范的总称。审计法有广义和狭义之分,广义上是指各种审计法律规范的总和,它既包括《审计法》,也包括内部审计法和社会审计法;狭义上是指国家法律《审计法》[1]。

3)审计方面的行政法规

行政法规是由国务院根据《中华人民共和国宪法》和法律规定制定的,在全国范围内具有约束力的规范性文件。为了贯彻执行国家法律,解决行政管理工作中存在的具体问题,国务院颁布了大量的行政法规。例如,2010 年 2 月 2 日国务院第 100 次常务会议修订通过的《中华人民共和国审计法实施条例》等,这些基本行政法规为审计工作的开展提供了重要的法律依据。

4)部门规章

部门规章是指国家最高行政机关所属的各部门、委员会在自己的职权范围内发布的调整部门管理事项,并不得与宪法、法律和其他行政法规相抵触的规范性文件。例如,2010 年 9 月 1 日颁布的经修订的《中华人民共和国国家审计准则》、2021 年 11 月 17 日颁布的《审计机关审计听证规定》等。

5)地方性法规

地方性审计法规是经国务院批准的,由省、自治区、直辖市及较大的市的人民代表大会及其常务委员会制定的。例如,2001 年 5 月 30 日审议通过的《广西壮族自治区国家建设项目审计办法》等。地方性法规不得同国务院的行政法规相抵触,省级以下地方政府及政府各部门制定的有关审计方面的规范性文件不得与地方性法规相抵触[4]。

2.1.2　审计相关法律的效力位阶

法律效力位阶是指每一部规范性法律文本在法律体系中的效力高低等级,一般由制定该法的立法机构或国家机关的等级地位决定。根据法的效力位阶,可分为上位法、同位法和下位法。下位阶的法律必须服从上位阶的法律,所有的法律必须服从最高位阶的法律。而同位法则具有同等效力,在各自的权限范围内实施。

《中华人民共和国立法法》(以下简称《立法法》)划分法律效力位阶的标准包括以下几个方面:

1)中央立法优于地方立法

《立法法》第五章第八十八条规定:法律的效力高于行政法规、地方性法规、规章。行政法规的效力高于地方性法规、规章。当中央立法与地方立法对同一事项有不同规定时,中央立法处于上位,地方立法处于下位,地方立法对此事项的规定无效。例如,全国人民代表大会及其常委会制定的基本法律和法律以及国务院制定的行政法规高于地方立法机关制定的地方性法规和地方政府规章[4]。

2)同级权力机关的立法高于同级行政机关的立法

当同级的权力机关与行政机关立法对同一事项有不同规定时,权力机关的立法处于上位,同级行政机关的立法处于下位,同级行政机关的立法对此事项的规定无效。例如,全国人民代表大会及其常委会制定的法律高于国务院制定的行政法规。

3)同类型的立法根据其立法主体的地位确立法律位阶

在权力机关作为立法主体的立法类型中,立法主体地位高的法律文件效力高于立法主体地位低的法律文件。例如,全国人民代表大会及其常委会制定的法律效力等级高于省、自治区、直辖市人民代表大会及其常委会制定的地方性法规;省、自治区、直辖市人民代表大会及其常委会制定的地方性法规效力等级高于较大的市人民代表大会及其常委会制定的地方性法规。

4)权力机关制定的法规效力等级高于其常设机关制定的法规文件

全国人民代表大会制定的基本法律效力等级高于全国人民代表大会常委会制定的法律;省、自治区、直辖市人民代表大会制定的地方性法规效力等级高于省、自治区、直辖市人民代表大会常委会制定的地方性法规;较大的市人民代表大会制定的地方性法规效力等级高于较大的市人民代表大会常委会制定的地方性法规[4]。

法律效应位阶图如图2.1所示。

图2.1　法律效力位阶

注:法律效力位阶由小到大

2.2　建设项目审计相关法律法规

2.2.1　《审计法》

为了加强国家的审计体系,维护社会主义市场经济秩序,促进小康社会的全面建设,保障国民经济健康稳定发展,1994年8月31日第八届全国人民代表大会常务委员会通过了《中华人民共和国审计法》,并于2021年10月23日第十三届全国人民代表大会常务委员会修订通过。

《审计法》是一部具有中国特色的、适应建立社会主义市场经济体制要求的纲领性文件。它有利于加强国家审计监督、促进我国审计体系与国际惯例接轨,对审计人员进行审计工作具有指导和规范意义。

《审计法》分为七章,分别为总则、审计机关和审计人员、审计机关职责、审计机关权限、审计程序、法律责任和附则,共五十九条。

随着《审计法》的颁布和施行,我国的审计监督制度进一步完善,与国有资产有关的财务收支的审计监督也进一步加强,这对维护国家社会经济秩序、提高社会经济效益具有十分重要的意义和作用。其作用有以下几点:

(1)为社会经济的正常运行提供了审计监督的法律保证

《审计法》的颁布和实施使审计工作进入有法可依的新时期。审计机关和审计人员履行审计监督职责有了法律依据和行为准则,被审计单位也明确了自身在审计监督活动中的权利和义务。有了法律来保证审计工作的进行,将有利于维护社会经济秩序,推动社会主义市场经济的有序运行[3]。

(2)有利于促进改革、发展和稳定三者的统一

我国正处于社会主义初级阶段,改革、发展和稳定是不可或缺的。改革是动力,发展是目的,稳定是前提,只有在三者的相互结合下,社会经济才能朝着快速稳健的方向发展。《审

计法》的实施不仅增加了国家财政收入的透明度,还克服了改革过程中出现的问题和矛盾。社会经济的高速发展离不开大量的资金投入,《审计法》实施加强对建设资金的审计监督,既有利于保证资金的合理投向,又有利于提高资金使用效益[3]。

(3)有利于解决当前经济运行中的突出问题

目前,我国总的经济发展形势是好的,但也不可避免地出现了一些问题,例如资金违章拆借、公款请客送礼、贪污受贿等,这些问题对我国社会主义市场经济的发展产生了诸多不良影响。《审计法》的颁布和实施将会及时发现并解决这些问题,促进廉政建设,确保社会经济的正常运行。

2.2.2 《第 3201 号内部审计实务指南——建设项目审计》

《第 3201 号内部审计实务指南——建设项目审计》是为了规范建设项目审计工作,指导内部审计人员更好地实施建设项目审计,提高审计质量而编制的,它以内部审计基本准则和具体准则为依据,将内部审计运用到建设项目的运行过程。该指南适用于各类组织的内部审计机构、内部审计人员及其从事的内部审计活动。

该指南共八章,其内容主要是对建设项目审计各阶段的审计内容、审计方法、审计目标和审计依据等做出具体规定。《第 3201 号内部审计实务指南——建设项目审计》第一章第三节明确指出:建设项目审计的总体目标,是通过对建设项目建设全过程各项技术经济活动进行监督和评价,确认建设项目建设与管理活动的真实性、合法性和效益性,促进项目建设质量、工期、成本等建设目标顺利实现,促进提升项目绩效,增加建设项目价值。建设项目审计内容主要包括:建设项目前期决策审计、建设项目内部控制与风险管理审计、建设项目采购审计、建设项目工程管理审计、建设项目工程造价审计、建设项目财务审计、建设项目绩效审计等。

《第 3201 号内部审计实务指南——建设项目审计》的颁布,有利于建设项目审计的顺利开展。该指南内容与建设项目各阶段充分结合,规范了建设项目各阶段审计的原则、程序和方法,给审计工作人员提供了操作指南。该指南的诞生不仅为建设项目审计提供了重要的法律依据,还有利于促进建设项目实现"质量、速度、效益"三项目标。

2.2.3 其他相关法律法规

除了上述提到的两部主要的法律之外,还有诸多建设项目审计的相关法律法规,这些法律法规对建设项目审计的发展具有重大意义,具体见表 2.1。

表 2.1 与建设项目审计相关的法律法规

颁布时间	文件名称
1997 年 12 月 29 日	《中华人民共和国价格法》
1999 年 8 月 30 日	《中华人民共和国招标投标法》
1999 年 3 月 15 日	《中华人民共和国合同法》
2000 年 1 月 10 日	《建设工程质量管理条例》
2019 年 8 月 26 日	《中华人民共和国土地管理法》(2019 年修订)
2004 年 10 月 20 日	《建设工程价款结算暂行办法》

续表

颁布时间	文件名称
2010 年 2 月 2 日	《中华人民共和国审计法实施条例》(2010 年修订)
2019 年 4 月 23 日	《中华人民共和国建筑法》(2019 年修订)
2017 年 10 月 7 日	《建设工程勘察设计管理条例》(2017 年修订)
2001 年 5 月 30 日	《广西壮族自治区国家建设项目审计办法》
2015 年 7 月 24 日	《广西壮族自治区合同格式条款监督管理条例》
2016 年 5 月 25 日	《广西壮族自治区预算监督条例》(2016 年修订)

2.3　建设项目审计人员职业道德

职业道德是每一位从业人员在职业生活中必须遵守的行为准则。它代表着每一位从业者的自我道德修养,不仅对从业者的个人发展有积极的促进作用,更对社会主义市场经济的和谐发展有着重要意义。

国家审计机关在规范公共财政支出,提高财政资金使用效益,揭露违法违纪事件,保障国家经济稳定运行等方面发挥着越来越重要的作用。随着审计结果公告制度的执行和人民对国家审计期望值的不断提高,提高审计质量、规避审计风险成为当前审计中亟待解决的问题之一。审计工作质量和审计风险程度取决于审计人员开展审计工作的能力和所付出的努力,以及真实报告审计查证事项的意愿。其中,开展审计工作的能力受制于审计人员的专业判断力、审计程序、审计技术等,审计人员所付出的努力以及真实报告审计查证事项的意愿则取决于其职业道德素养。因此,正确认识审计职业道德内涵,不断加强审计职业道德修养,是提高审计质量、规避审计风险的必然要求。

2.3.1　审计人员职业道德的含义与内容

1) 审计人员职业道德的含义

职业道德是从业者在职业活动中应该遵循的符合自身职业特点的职业行为规范,是人们通过学习与实践养成的优良的职业品质,它涉及从业人员与服务对象、职工与职工、职业与职业之间的关系。而审计人员职业道德是指从事审计工作的人员应遵循的、与其职业活动紧密联系的、具有审计人员职业特征并反映自身特殊要求的道德准则和规范[5]。

2) 审计人员职业道德的内容

2010 年审计署发布了新修订的《中华人民共和国国家审计准则》(审计署令第 8 号),明确了"严格依法、正直坦诚、客观公正、勤勉尽责、保守秘密"的审计基本职业道德,同时将职业道德规范、审计技术准则与审计质量控制融为一体,体现了审计人员的精神追求和国家审计的职业特点,对于提升审计人员素质,提高审计工作质量和水平,增强审计公信力具有重要意义。审计人员职业道德的基本要求如下：

（1）遵纪守法

法律法规是审计人员开展各项审计工作的重要依据和强制力保证。审计人员在审计活动中必须严格依据国家的各项方针政策、法律法规，在法律规定的范围内，认真履行法律赋予的审计监督职责。要依法加强财政、财务收支的监督管理，防止违反法纪的行为发生，切实维护国家利益和社会集体利益。

（2）做好本职工作

做好本职工作是审计人员职业道德的最基本要求。从事审计工作时，应当认真履行职业责任，严格依照相关法律法规规定程序进行，以确保审计结果的合法性。审计工作人员必须秉持客观公正的原则，不得利用职务之便牟求私利，要确保审计工作的客观性和公正性。

（3）不断加强学习

学习是获取技能知识的重要途径。随着社会经济的发展，审计体系的不断完善，与之相对应的审计技能知识也随之产生。审计人员除了要对审计相关专业知识以及计算机知识进行学习以外，还要加强新技能、新知识的学习，这样才能提高自身的职业素养和工作能力，才能适应审计事业发展的要求。

2.3.2 加强审计人员职业道德建设的意义

加强审计人员职业道德修养的意义体现在以下几个方面：

1）净化社会风气，促进廉政建设

审计人员职业道德是在多年的审计实践过程中逐步形成和完善的，是审计人员共同认可的，具有无形的、强制约束力的成文和不成文的行为规范与行为准则。审计人员在进行审计监督时，要认真履行审计的责任和义务，真实完整地反映财政、财务收支结果，对发现的违法违纪行为绝不姑息，这样才能净化社会风气，促进廉政建设。

2）推动本职工作顺利完成

审计工作关系到国家、集体和个人的合法权益，关系到社会经济的发展，审计人员职业道德在处理这些关系时将起到非常重要的作用。应该做什么和不应该做什么，是判断、评价审计人员工作业绩的标准。加强审计人员职业道德建设，以此增强其职业责任感，规范审计行为，提高审计质量。同时，要注重建立良好的审计工作环境，良好的工作环境是审计人员认真履行职责、完成本职工作的重要保证。

3）实现自我完善

审计人员职业道德是宝贵的精神财富，广大审计人员要不断学习新的技能和知识，努力实现自我完善，提高自身能力水平，恪守职业准则。审计人员在坚守职业道德的过程中，要严格依据国家各项法律法规、政策进行审计工作，正确行使手中的职业权力，做到爱岗敬业、诚实守信。

2.3.3 加强审计人员职业道德建设的措施

审计人员职业道德建设是一项长期而艰巨的任务，要按照"业务精通、作风优良"的要求,培养和造就高素质的审计人员,以适应审计事业发展的步伐。

1)强化职业道德教育

结合审计人员的工作实践和思想实际,多方面对审计工作者输送职业道德理论知识,宣传学习职业道德方面的法律法规、规章制度。增强审计人员辨别是非的能力,提高审计人员对职业道德的认识,进一步加强对审计人员职业道德的培养,强化职业道德教育,是提升审计人员职业道德的重要途径。

2)强化职业修养

古往今来,人们都把"廉、俭"二字作为自身道德修养的准则,这在当今社会也具有强大的现实意义。广大审计人员在恪尽职守的同时,必须加强自身的道德素质修养,树立正确的价值观,建立工作信仰,端正工作态度,认真提高自身素质,切实抵制名利、权力和金钱的诱惑。

3)加强制约措施

要加大执法力度,建立健全职业道德法规和制度,依法管理审计工作。对审计人员的违法违纪行为进行严肃处理,以期有效地制约违法违纪行为的发生,形成良好的社会风气。此外,还要运用舆论监督的强大功能,充分利用媒体手段对审计人员职业道德法律法规进行宣传。

【案例】南京一审计办主任仗着"三无"原则受贿416万元获刑

"福祸无门,唯人所召;人不衅焉,妖不妄作。"这是原南京河西新城区开发建设指挥部财务处副处长兼审计办主任的陈某某,因受贿被抓之后,自己在《悔过书》中写下的。在没被抓之前,陈某某总是心存侥幸,觉得敢给自己送钱的人都是自己的朋友,"朋友"不会出卖自己。

● 官越大胆越大,从一次收5 000元到一次收50万元

1999年,陈某某从部队转业后,进入南京市审计局工作。从2002年7月起,他调入河西指挥部担任审计工作。当时的河西正处于城市建设的高峰时期,陈某某负责审计工作后,他发现在参与河西建设工作的会计师事务所和工程建设方负责人眼里,自己俨然是他们巴结的对象。

2004年,陈某某经人介绍认识了南京某会计师事务所孙某,从此跟孙某打上了交道。两人熟悉之后,孙某向陈某某承诺:只要他将工程建设审计项目给自己,自己会返还15%的审计费给陈某某。2005年,陈某某利用自己有选聘审计单位的职务便利,将河西指挥部开发建设的某大厦一期工程的审计项目交给孙某所在的会计师事务所。同年7月,该项目审计结束,河西指挥部将审计费35 679元打到事务所的账上。之后一周,孙某将15%的"返点"共计现金约5 300元,安排该会计事务所一项目经理王某给了陈某某。这5 300元是陈某某第一次大额受贿。此后数年,从2005年7月到2012年8月的7年时间里,陈某某和孙某、王某的交易达到19次之多,金额达到了近170万元。

2009年1月,陈某某晋升为河西指挥部财务收费处副处长。陈某某的受贿金额也随着职位的晋升而明显增加,2009年以后,其单笔受贿金额多次达到10多万元,最高在一个月内两次收受50万元。到事发前,陈某某通过协调出具审计报告,少核减工程造价等,2年多共获利200多万元,比之前5年贪污的总额还要多。7年多来,他总共收审计费"回扣"约416

万元。

● "三无"原则收钱难阻"东窗事发"

陈某某知道自己的贪污行为是违法的,钱收得越多,他的心就越虚。在《悔过书》里他交代,每次听到警笛的声音就感到恐惧。为了自保,在收钱之初,他就想好了应对侦查的"三无"原则——"无转账交易、无第三人在场、无语言交流"。"无转账交易"即现金交易,这样即使日后办案机关查账,也无法查出现金流向;"无第三人在场"即"天知地知你知我知,越少人知道当然越好";"无语言交流"即为了防止行贿人录音,每次受贿现场,不管是办公室、车上还是酒店房间内,当行贿人拿出现金时,陈某某不说话不回应,甚至不做任何表示,只用手势或眼神让行贿人离开。

就算这样"谨慎",也逃不脱被绳之以法的命运。接到群众举报,陈某某东窗事发。就在出事前,他还天真地相信行贿人都是自己的"朋友",应该不会出卖自己,贿赂越收越多,逐渐滑向了罪恶的深渊。

2013 年 8 月 14 日,被告人陈某某因受贿罪被判处有期徒刑 13 年,没收财产人民币 150 万元。

习　题

判断题

《审计法》是我国政府审计法律规范效力等级最高的。　　　　　　　　　（　　　）

第3章

JIANSHE XIANGMU QUANGUOCHENG SHENJI CHENGXU

建设项目全过程审计程序

21 世纪以前,我国建设项目审计模式是建设项目竣工决算审计,但是竣工决算审计具有信息提供不及时、计算结果不准确等缺点。目前,为了保证建设项目的建设合理、合法,提高建设项目经济效益,加强建设项目管理,建设项目的审计工作由对建设项目的事后控制扩展到对建设项目的事前介入、事中控制、事后监督。

3.1　建设项目全过程审计发展历史

21 世纪初,建设项目全过程审计的思想多次被我国工程造价管理人员提到。早在 1988 年,原国家计划委员会(今国家发展和改革委员会)印发的《关于控制建设工程造价的若干规定》的通知提出"为有效地控制工程造价,必须建立健全投资主管单位、建设、设计、施工等有关单位的全过程造价控制责任制"的造价管理思想,为今后我国实施建设项目全过程造价管理奠定了基础。自 2001 年以来,有关建设项目全过程审计的主要文件和内容如下[6]:

1)《审计机关国家建设项目审计准则》

2001 年,中华人民共和国审计署令第 3 号公布《审计机关国家建设项目审计准则》,其中与建设项目全过程审计相关的准则如下:

第二条　本准则所称国家建设项目,是指以国有资产投资或者融资为主(即占控股或者主导地位)的基本建设项目和技术改造项目。

与国家建设项目直接有关的建设、勘察、设计、施工、监理、采购、供货等单位的财务收支,应当接受审计机关的审计监督。

第三条　审计机关在安排国家建设项目审计时,应当确定建设单位(含项目法人,下同)为被审计单位。必要时,可以依照法定审计程序对勘察、设计、施工、监理、采购、供货等单位与国家建设项目有关的财务收支进行审计监督。

第五条　审计机关对国家建设项目的建设程序、资金来源和其他前期工作进行审计时,应当检查建设程序、建设资金筹集、征地拆迁等前期工作的真实性和合法性。

第七条　审计机关根据需要对国家建设项目的勘察、设计、施工、监理、采购、供货等方面招标投标和工程承发包情况进行审计时,应当检查招标投标程序及其结果的合法性,以及工程承发包的合法性和有效性。

第八条　审计机关根据需要对与国家建设项目有关的合同进行审计时,应当检查合同的订立、效力、履行、变更和转让、终止的真实性和合法性。

第九条　审计机关对国家建设项目设备、材料的采购、保管、使用进行审计时,应当检查设备、材料核算的真实性、合法性和有效性。

第十九条　审计机关根据需要对国家建设项目的勘察、设计、施工、监理、采购、供货等单位进行审计时,应当检查项目勘察、设计、施工、监理、采购、供货等单位与国家建设项目直接有关的收费和其他财务收支事项的真实性和合法性。

第二十条　审计机关根据需要对国家建设项目工程质量管理进行审计时,应当检查勘察、设计、建设、施工和监理等单位资质的真实性和合法性,以及对工程质量管理的有效性。

第二十一条　审计机关根据需要对国家建设项目环境保护情况进行审计时,应当检查环境保护设施与主体工程建设的同步性以及实施的有效性。

第二十三条　对财政性资金投入较大或者关系国计民生的国家建设项目,审计机关可以对其前期准备、建设实施、竣工投产的全过程进行跟踪审计。

2)《第3201号内部审计实务指南——建设项目审计》

2021年,中国内部审计协会印发了《第3201号内部审计实务指南——建设项目审计》(以下简称《指南》),为建设项目内部审计的原则和方法提供了依据,对建设项目各阶段的审计实务做出了规定。《指南》共八章,其中与建设项目全过程审计的有关内容有:第二章《建设项目前期决策审计》;第三章《建设项目内部控制与风险管理审计》;第四章《建设项目采购审计》;第五章《建设项目工程管理审计》;第六章《工程造价审计》;第七章《建设项目财务审计》;第八章《建设项目绩效审计》。

3)《教育部关于加强和规范建设工程项目全过程审计的意见》

2007年,为了加强建设工程项目管理、提高资金使用效益,一些部门和单位开展了建设工程项目全过程审计工作,对建设工程项目从投资立项到竣工交付使用的各阶段经济管理活动的真实、合法、效益进行监督、控制和评价。教育部下发了《教育部关于加强和规范建设工程项目全过程审计的意见》,相关内容如下:

一、各部门、各单位对本部门、本单位的大中型建设工程应实施全过程审计;也可根据重要性和成本效益原则,结合内部实际情况,对大中型建设工程项目部分阶段或环节进行全过程审计。

二、对建设工程项目实施全过程审计的内容包括对建设项目投资估算、勘察设计概算、施工预算、竣工结算、财务决算等各阶段经济管理活动的检查和评价。

三、各部门、各单位开展建设项目全过程审计,由内部审计机构或内部审计机构委托具有相应资质的工程造价咨询机构实施。委托造价咨询机构应当按照国家有关规定办理。委托费用按照财政部《基本建设管理若干规定》列入建设成本。内部审计机构应加强对受托工程造价咨询机构的管理和监督。

四、建设工程全过程审计应以促进控制工程造价和规范工程管理为重点,将技术经济审查、审计控制和审计评价相结合,将事前审计、事中审计和事后审计相结合。

五、各部门、各单位内部审计机构应根据建设工程项目全过程审计的实施情况,对建设工程各阶段的管理情况及其结果进行分析和评价,及时出具审计报告。各部门、各单位对审计报告中提出的加强和改进工程管理的意见和建议,应认真组织落实。

六、各部门、各单位的领导应充分认识建设工程项目全过程审计工作在规范建设工程管理、提高投资效益、促进廉政建设中的重要作用,认真组织实施。同时,根据本意见,结合本部门本单位的实际,制定或修订关于建设工程项目全过程审计的制度或实施办法。

4)《中华人民共和国审计法实施条例》(2010年修订)

2010年,中华人民共和国国务院公布了修订后的《中华人民共和国审计法实施条例》,其中第二十条规定:审计机关对审计法第二十二条所称政府投资和以政府投资为主的建设项目的总预算或者概算的执行情况、年度预算的执行情况和年度决算、单项工程结算、项目竣工决算,依法进行审计监督;对前款规定的建设项目进行审计时,可以对直接有关的设计、施工、供货等单位取得建设项目资金的真实性、合法性进行调查。

3.2　建设项目全过程审计发展趋势

3.2.1　EPC模式与建设项目全过程审计

EPC(Engineering Procurement Construction)模式即设计采购施工总承包,也称交钥匙总承包,是指工程总承包单位按照合同约定,承担工程项目的设计、勘察、采购、施工和运营维护等工作,对工程的质量、工期、成本等所有专业分包人的履行行为负责。在建设期间,总承包单位是第一负责人。EPC模式具有效率高、工期短、成本低等特点,有利于协调设计与施工之间的关系,减少采购和施工之间的环节。

在EPC总承包项目建设的不同阶段,各阶段审计的要点不同,具体如下:

(1)建设项目前期和设计阶段审计

审计人员首先要根据可行性研究报告对建设项目估算进行审查,随后对项目初步设计、设计方案以及相关文件和设计单位的资质等级进行全面审计,明确审计方向与审计重点。

(2)建设项目施工阶段审计

审计人员要以招投标文件和EPC合同为依据,对施工组织进行审计,主要分析质量控制制度是否完善;质量控制点的确定是否合理;隐蔽工程是否验收;工程变更签证是否规范,有无作假现象。材料设备采购环节是EPC项目的重要环节,采购环节的审计需要以市场经济为基础,以招投标文件和采购合同为指导对采购花费进行严格审查。

(3)建设项目竣工验收阶段审计

竣工验收阶段需要对施工合同、施工图纸、施工组织方案、收费标准和工程量等进行全面审查,调查工程变更、合同索赔的原因。

与建设项目传统承包模式相比,EPC项目模式下的建设项目业主管理程度较浅,工程总承包单位充当了建设项目管理企业的角色。由于EPC模式下的项目结构复杂、规模大、工程突发事件发生概率高、设计变更频繁、签证增多,审计人员的审计工作量也随之加大,审计重点也从对业主和承包方进行双方审计转移到对工程总承包单位的重点审计,审计机构需要对建设项目进行全方位审核。现如今,许多发达国家建筑市场的工程项目已采用EPC模式,我国建设市场逐渐走向国际化,海外工程项目增多。因此,审计人员应完善建设项目监督评价机制,改善建设项目全过程审计的方法[8-10]。

3.2.2 PPP 模式与建设项目全过程审计

PPP(Public – Private Partnership)模式即公共私营合作制,是指政府部门与私人组织或私营公司之间的一种合作。这种公共物品或服务的提供方式,是为了拓宽项目融资渠道,提升融资效率,实现政府部门和私人部门的利益共赢[11]。

PPP 模式作为现代投资领域中的新型投资模式,具有如下特点:

①调动民营资本积极参与社会基础设施建设的积极性,发挥闲置民营资本的效用,很大程度地发挥了民营资本的价值。

②为民营资本提供了一个很好的平台,增加民营资本的收益率,同时有了政府保障,项目风险相对较小。

③有效分散政府建设基础设施项目的风险。

④让专业的人做专业的事,提高公共产品供给的效率。

PPP 项目与传统建设项目的不同之处在于,传统建设项目的全周期是项目决策阶段至运营阶段,PPP 项目除了要经历建设项目全周期所需经历的周期之外,还需经历项目移交阶段,即特许期满后项目公司将所有权与经营权交予政府。此时,审计机构需要对移交合同、移交程序、移交标准等进行审核[11]。

此外,PPP 项目的资金来源于社会投资和政府财政两个渠道,政府财政资金应专款专用,审计机构对政府下发的财政资金必须实行追踪审查,不得挪用财政资金。对于 PPP 项目,审计人员要站在国家和社会层面看待 PPP 项目的审计工作,既要维护国家和社会公众的利益,也要保证社会投资者的合法权益。对此,审计人员要加强 PPP 项目理论学习,熟知相关规章制度,优化审计方法,健全监管机制。近年来,PPP 项目不断涌现,相关审计制度的建立势在必行。

3.3 建设项目全过程审计

建设项目审计流程是审计机构各审计人员为达到建设项目审计目标所采取的所有工作步骤的总和,如图 3.1 所示。建设项目审计流程可概括为审计准备、审计实施、审计评价、审计报告和后续审计五个阶段[1]。

3.3.1 建设项目全过程审计流程

建设项目全过程审计阶段包括建设项目前期工作阶段审计、建设项目招投标阶段和合同管理阶段审计、建设项目施工阶段审计、建设项目竣工结算阶段审计和建设项目运营维护阶段审计。建设项目全过程审计与建设项目全生命周期的关系如图 3.2 所示。

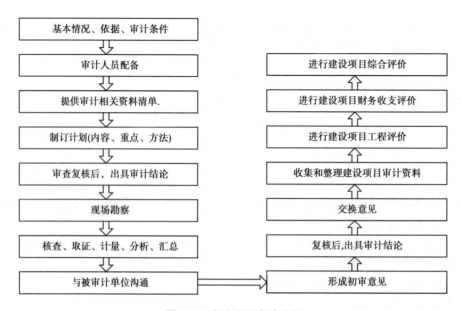

图 3.1　建设项目审计流程

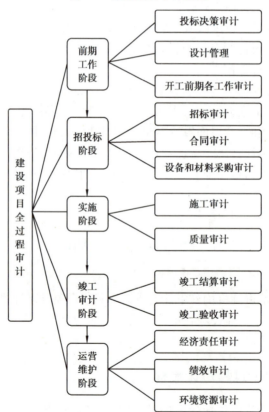

图 3.2　建设项目全过程审计与建设项目全生命周期的关系

3.3.2　建设项目全过程审计内容概况

建设项目全过程审计的审计周期长、内容复杂,包括以下审计工作:

1）前期工作阶段审计

（1）建设程序审计

建设程序审计主要审查建设项目的立项、可行性研究报告、初步设计等。审查项目建议书的真实性、可靠性，项目建议书是否按规定审批，项目提出的背景、依据、前期调查研究的结论等是否客观[1]。

（2）前期工作经费使用情况审计

审查基本建设工程前期工作经费的收支情况，收入来源是否正常，支出是否合法，评价前期工作经费的管理、使用及效益状况[12]。

（3）开工前期准备工作审计

①资金来源合法性和可靠性审计。审查建设项目总投资来源是否合法，当年资金是否落实。贷款项目要审查有无银行贷款的合法合同或承诺。自筹资金项目、国家和地方资金"拼盘"项目要审查自筹资金银行存款证明和预算内资金拨付计划，有无弄虚作假、自筹资金不落实的问题[13]。

②审查基本建设资金是否列入当年国家下达部门或地方的年度投资计划，开工前的手续是否完备。

③审查基本建设工程项目征地、拆迁等开工前的准备工作是否完成。

2）招投标阶段和实施阶段审计

（1）招投标审计

审查招投标程序，评价招投标的合法性；投标单位的资质条件，评价其是否具备承包施工资格；承包合同的合理性、合法性。

（2）投资计划执行情况审计

审查是否按照主管部门下达的项目计划要求下达和编制年度计划；已完成工作量与年度基本建设计划是否相符，有无多列、虚报工作量；工程质量是否达到设计要求，有无因质量事故造成经济损失，影响工程施工进度。

（3）建设单位财务收支审计

审查资金到位情况，有无挤占、挪用、转移资金；地方配套资金到位率是否与施工进度相一致；有无以地方财政困难等为由拒绝或拖延拨付配套资金的情况[14]。

3）竣工阶段审计

（1）竣工决算审计

审查建设单位编制的竣工决算是否符合国家有关规定，决算资料是否齐全、手续是否完备。

（2）项目建设概算执行情况审计

审查工程建设是否严格按照批准的概算内容执行，有无超概算或新增概算外项目、提高建设标准和扩大建设规模的问题；有无虽未超概算，但单项工程建设标准有提高或有降低；有无重大质量事故和经济损失。

（3）交付使用财产真实性和完整性审计

审查交付使用财产成本计算对象的确定、成本构成是否合理与符合规定，交付使用财产账面值与投资科目的记录是否相符;资产交付是否符合交付条件,移交手续是否完备、合理。

(4)结余资金审计

审查基本建设结余资金的真实性,有无隐瞒、转移、挪用、隐匿结余资金。

(5)项目竣工决算报表审计

审查基本建设工程竣工决算报表的真实性、完整性和合规性

4)运营维护阶段审计

建设项目投入运营后的审计主要通过建设项目的可行性研究报告和建设项目实际数据的对比分析进行验证,确定预期效益指标是否达到。通过分析评价找出未达到目标的原因,并采取应对措施,改善管理,减少损失。

建设项目全过程审计提高了审计的质量和效益,充分发挥了审计监督的预警作用,有利于防止和杜绝腐败现象的发生,保证项目高效、优质、有序地进行[1]。

【案例】××项目工程审计部××项目全过程审计实施方案

根据审计工作计划,审计组准备自××年×月×日起对××(单位)××项目进行审计,现根据审前调查了解的情况制订出对××项目的审计实施方案。

1)编制依据

①《中华人民共和国审计法》《中华人民共和国注册会计师法》《中华人民共和国预算法》《中华人民共和国民法典》《中华人民共和国招投标法》《中华人民共和国建筑法》;

②《中华人民共和国国家审计准则》(审计署令第8号);

③××(单位)年度审计计划;

④《建筑工程施工发包与承包计价管理办法》(住建部令第16号);

⑤财政部、建设部关于《建设工程价款结算暂行办法》的通知(财建〔2004〕369号);

⑥国家及地方现行的有关其他法律法规,有关部门颁布的工程建设其他费用的计取标准等;

⑦××工程建设项目建设前期文件、概算及批复文件;

⑧工程招投标文件、施工图;

⑨合同协议、委托书及会议纪要等。

2)审计目标

①监督财政、财务收支的合法性,项目信息的真实性;

②审计建设项目实施过程的合法性;

③监督建设单位内部控制制度的建立;

④发挥预警作用,降低工程建设过程中的风险损失;

⑤审计工程项目的绩效状况。

3)审计对象和范围

××项目(土建、水暖通、电气、装饰工程等)从项目立项到工程竣工验收及投产运营阶段工程审计的全过程审计和竣工财务决算审计。

4)审计风险的评估及重要性水平的确定

××项目的项目融资采用PPP方式。投资关系较为复杂,投资金额巨大,投资财务收支较为复杂,其中一些项目投资方存在资金不到位的现象,项目建设周期长,工程技术要求较高,加之工程分标较多,项目涉及面广。鉴于以上情况,将××项目的固有风险水平评价为

高等。根据审前调查的情况来看,建设单位内部控制制度基本健全,内设的审计部切实履行内部审计职责,重大投资决策、建设资金、招标投标、合同签订、工程变更等工作经过授权且实际执行良好,故对建设单位的控制风险水平评价为中等。由于只能接受中等水平的检查风险,因此决定了此次审计采用全面审计和专项审计相结合,以获取适量证据。

本次工程审计中,投资财务收支审计的会计报表层次的审计重要性水平按照总资产固有比率法确定,即以项目总投资为判断基础,乘以固有比率。故会计报表层次的审计重要性水平 = 22635 万元(投资总额) × 0.5% = 113.175 万元。各账户的重要性水平分配按会计报表层次重要性的 4% 确定,金额为 4527 元(113.175 万元 × 4%),只要发现投资财务收支账户的错报或漏报超过这一水平,就确定为重大差错。

5)审计的内容和步骤

此次审计采用全面审计和专项审计相结合,审计内容和步骤如下:

(1)工程全过程审计

工程全过程审计包括以下 3 个阶段。

①对审计进入前的前期情况进行阶段性审计。审计进入前,下达审计通知书时向建设单位提交工程项目审计所需资料清单,建设单位应当提供相关资料,审计组安排工程技术人员、工程造价人员、财务会计人员、技术经济人员和项目管理人员进行前期工程建设情况阶段性审计。

A.投资立项及前期费用审计。

a.审计基本建设程序执行情况。根据现行规定,基本建设程序投资决策阶段工作包括项目建议书、可行性研究报告、批准立项等工作环节。只有前一个工作环节完成后,才能进行下一步工作。审计时重点检查各环节相关审批手续是否完备。

b.审计征地拆迁费用支出是否真实、合法,管理是否符合有关规定。

B.工程设计审计。

设计(勘测)管理审计的主要目标:审查和评价设计(勘察)环节的内部控制及风险管理的适当性、合法性和有效性,勘察、设计资料依据的充分性和可靠性;委托设计(勘察)、初步设计、施工图设计等各项管理活动的真实性、合法性和效益性。设计(勘测)管理审计的主要内容包括以下 3 点:

a.委托设计(勘察)管理的审计。主要审查设计任务书的编写是否完整合规;设计(勘察)单位的选择是否合法合规;设计(勘察)单位的资质是否符合项目规模要求等。

b.初步设计管理的审计。主要审查初步设计深度是否符合规定;报经批准的初步设计方案和概算是否符合经批准的可行性研究报告及估算要求;初步设计文件是否规范、完整等。

c.施工图设计管理的审计。主要审查施工图设计深度是否符合规定;设计文件是否规范、完整;施工图设计的内容及施工图预算是否符合经批准的初步设计方案、概算及标准等。

C.工程招投标审计。

招投标审计的主要目标:审查和评价招投标环节的内部控制及风险管理的适当性、合法性和有效性;招投标资料依据的充分性和可靠性;招投标程序及其结果的真实性、合法性和公正性;以及工程发包的合法性和有效性等。审计内容主要包括以下几方面:

a.检查工程施工、主要建筑材料和设备采购等是否经过招投标;标段的划分是否适当;招标文件是否完整合法;招投标的程序和方式是否符合有关法规和制度的规定;标底的编制是否准确等。

b. 检查开标、评标、定标的程序和方式是否符合有关法规和制度的规定;评标标准是否公正;是否存在串标压价现象等。

D. 合同审计。

合同审计的主要目标是审查和评价工程合同的合法性、公正性、完备性和有效性,主要内容包括以下3点:

a. 审查工程项目是否全面推行合同制;合同的订立是否规范;是否存在口头协议现象等。

b. 对已签订的工程合同,审查合同条款是否完整、合法;合同条款是否与招标文件及承包商的投标文件相一致;是否存在"黑白合同"等。

c. 审查勘察设计合同、监理合同、施工合同等是否合法合规,投标报价是否合理。

②工程跟踪审计。

A. 投资控制跟踪审计。

a. 甲供材料设备的审计。检查供应商的选择方法和原则是否合法合规;大宗材料设备采购是否经过招标投标程序;采购价格是否与当地实际市场价格相符等。

b. 工程价款支付审计。主要检查工程计量、工程款支付程序是否按照合同约定实施;主要分部分项工程量计量结果是否真实;工程预付款是否按照合同约定扣回;工程款支付价格是否与投标报价相符;新增项目价格确定程序和方法是否合法合规;工程进度款额度是否与合同约定一致,是否存在超付现象等。

c. 工程变更审计。主要检查工程变更洽商单的内容、变更程序是否符合规定;设计变更是否符合经审批的批准立项文件及施工图的要求;是否存在超量超标现象;施工方提出的变更是否经过监理和建设单位的审批;工程变更增减范围和内容是否真实、合理;变更处理方法是否与合同约定一致;变更签证文件的处理是否贴合时效要求,是否存在突击补签证现象;变更工程价款的调整是否符合合同约定等。

B. 质量控制跟踪审计。

a. 检查验收审计。主要检查工程验收内容和程序是否与合同约定一致;工程验收结果是否达到合同约定标准;建设单位是否增加额外检验;建设单位是否存在拖延验收或检验现象等。

b. 承包商施工审计。主要检查承包商施工操作是否按照规范和标准实施;是否存在偷工减料的现象;对出现的质量问题是否按照合同约定进行处理;是否按照监理和建设单位的要求对有问题的部位进行返修或更换;现场见证取样是否按照规定实施等。

c. 对乙供材料设备的审计。主要检查材料设备质量要求、规格品种是否符合合同约定,是否存在以次充好的现象;所提供的试验和检验报告是否真实;进场入库验收程序是否按照规定执行;代用材料是否经过监理和建设单位的批准等。

C. 进度控制跟踪审计。

进度控制跟踪审计主要检查承包商是否按规定计划进行;工程是否符合质量和安全要求;是否将工程再承包等。

③工程竣工结算审计。

A. 审计准备。向建设单位下达提供工程竣工验收所需资料清单通知,制订工程竣工结算审计方案。

B.实施审计。主要的审计目标:检查工程价款结算与实际完成的投资额的真实性、合法性;检查是否存在虚列工程、套取资金、弄虚作假、高估冒算等行为。主要的审计工作包括:

a.核查送审结算书中工程量的计算是否按照工程量清单计价规范中规定的计算规则进行,计算是否准确,必要时需到现场复核。

b.检查分部分项工程量清单组价是否合理合规,项目选用是否恰当。

c.检查措施项目清单、其他项目清单、规费计取是否符合标准,有无重复计费现象。

d.核查材料设备价格是否调整。如有调整,调整是否按照合同约定执行,价格调整是否真实合理。

e.检查结算项目是否与竣工图相一致,竣工图是否与实际相符。

f.检查设计变更是否真实合理,变更价格调整是否按照合同约定执行。

g.审查现场签证是否真实可靠,是否存在重复计算的现象。

h.审查送审结算书中的材料设备的数量、品种和规格是否与实际施工相符。

i.对于分包项目,审查分包商结算造价是否合理,承包商收取的管理费及配套费是否符合合同约定等。

j.对于审计中发现的问题,需要向建设单位、监理单位、设计单位和施工单位了解情况的,需及时询问,有关各方应予以协助配合。

经过初步审计后,出具工程造价初审定案单。在和建设单位交流后,由建设单位组织项目有关各方参加。由审计人员与施工单位针对初审定案单中的分歧问题交换意见,达成一致意见后,由建设单位、审计单位和施工单位三方签字确认。竣工决算审计完成后,出具审计报告征求意见稿,与建设单位交流后定稿,出具审计报告,提出管理建议书。

(2)竣工财务决算审计

①审计准备。向建设单位下达提供工程财务审计所需资料清单通知,制订财务审计方案,针对实际情况开展工程前期财务情况的阶段性审计。

②实施审计。审计的主要目标:审查和评价建设单位建设项目财政、财务收支的真实性、合法性和效益性。在开展全过程跟踪审计期间,财务审计选时介入。工程结算全部完成后,进行工程竣工财务决算审计。工程竣工财务决算审计的具体实施过程如下:

A.建设单位提供工程决算审计的有关资料,以及工程竣工财务决算审计涉及的有关会计资料。

B.审查工程项目立项手续是否完备、齐全,是否合法合规。

C.检查、评价建设项目会计核算制度和内控制度的健全性、有效性及其执行情况。

D.检查工程物资科目。检查明细科目中的材料和设备是否与设计文件相符,有无盲目采购的情况;款项支付有无违规多付的情况;工程完工后剩余工程物资的盘盈、盘亏、报废、毁损等是否做出了正确的账务处理。

E.检查在建工程科目。检查是否存在除设计概算外其他工程项目的支出;是否将生产领域的备件、材料、仪器、仪表和设备列入建设成本;已付款的原始凭证是否按规定进行了审批,是否合法、齐全;是否按合同规定支付预付工程款、备料款、进度款;支付工程结算款时,是否按合同规定扣除了预付工程款、备料款和质量保证期间的保证金;工程管理费、征地费、可行性研究费、临时设施费、公证费、监理费等各项费用支出是否存在扩大开支范围、提高开支标准,以及将建设资金用于集资或提供赞助而列入其他支出的问题;是否存在以试生产为由,有意拖延不办固定资产交付手续,从而增大负荷联合试车费用的问题;是否存在将应由生产承担的递延费用列入本科目的问题;投资借款利息资本化计算的正确性,有无将应由生产承担的财务费用列入本科目的问题等。

F. 竣工决算的审计。主要包括:

a. 检查所编制的竣工决算是否符合建设项目实施程序,有无将未经审批立项、可行性研究、初步设计等环节而自行建设的项目编制竣工工程决算的问题。

b. 检查竣工决算编制方法的可靠性,有无造成交付使用的固定资产价值不实的问题。

c. 检查有无将不具备竣工决算编制条件的建设项目提前或强行编制工程决算的情况。

d. 检查"竣工工程概况表"中的各项投资支出,并分别与设计概算相比较,分析节约或超支情况。

e. 检查"交付使用资产明细表",将各项资产的实际支出与设计概算进行比较,以确定各项资产的节约或超支数额。

f. 分析投资支出偏离设计概算的主要原因。

g. 检查建设项目结余资金及剩余设备材料等物资的真实性和处置情况。包括:检查建设项目"工程物资盘存表",核实库存设备、专用材料账实是否相符;检查建设项目现金结余的真实性;检查是否按合同规定预留了承包商在工程质量保证期间的保证金。

h. 检查工程项目竣工结算报表是否真实、全面、合法。

工程竣工财务决算审计完成后,出具竣工决算审计报告征求意见稿。对审计中发现的问题,根据国家相关法律法规出具处理意见,与建设单位交换意见后出具审计报告,并提出建议书。

6) 审计组成员及其分工

审计组成员及其分工见表3.1。

表3.1 审计组成员及其分工

姓 名	职 称	执业资格	审计任务
××	高级审计师	国际注册内部审计师(CIA)	审计组长
××	高级审计师	国际注册内部审计师(CIA)	主持财务决算审计
××	高级会计师	注册会计师(CPA)	财务决算审计
××	审计师	注册会计师(CPA)	财务决算审计
××	审计师	注册会计师(CPA)	财务决算审计
××	会计师	注册会计师(CPA)	财务决算审计
××	高级工程师	注册造价工程师、咨询工程师	主持工程项目审计
××	高级工程师	注册造价工程师、咨询工程师	主持前期阶段性审计,协助跟踪审计
××	工程师	注册造价工程师	前期审计及投资控制审计
××	工程师	注册造价工程师	前期审计及投资控制审计
××	工程师	注册咨询工程师	前期审计及质量控制审计
××	工程师	注册咨询工程师	前期审计及进度控制审计
××	高级工程师	注册造价工程师	主持工程竣工结算审计
××	工程师	注册造价工程师	工程竣工结算审计

姓名	职称	执业资格	审计任务
××	工程师	注册造价工程师	工程竣工结算审计
××	工程师	注册造价工程师	工程竣工结算审计
××	工程师	注册造价工程师	工程竣工结算审计

7）工作要求

①审计人在审计过程中对审计事项既要充分取证,更要注意保密,有关事项或疑难问题及时向审计组长汇报。在执行审计实施方案过程中,如遇重大事项,按照规定程序进行修改和补充审计方案,并按规定报批。

②取得述职报告和审计承诺。审计实施初期,应要求建设单位向审计组就其提交的会计凭证、账簿、报表等会计资料及相关工程建设技术经济资料的真实性和完整性做出书面承诺。审计中可以要求项目参加者分级承诺或分项承诺,尽可能降低审计风险。

③利用计算机辅助审计、内部控制测评、统计抽样、项目管理软件、工程造价软件等先进的审计技术方法,降低审计检查风险,减少现场审计时间,提高审计工作效率。

④审计组在审计过程中要严格审计纪律。

8）审计时间要求

××年×月×日下达审计通知书;××年×月×日—××年×月×日进行工程前期阶段性审计;××年×月×日实施审计进点;××年×月×日前跟踪审计实施阶段结束;××年×月×日前完成工程竣工结算审计;××年×月×日前完成工程竣工决算财务审计;××年×月×日前完成审计报告初稿;××年×月×日前审计报告征求意见完毕;××年×月×日前送法规处复核。

××项目工程审计部

××××年×月×日

习　题

一、多选题

1. 工程总承包一般指(　　)。

A. 施工总承包　　　　　　　　　　B. 设计—采购—施工总承包

C. 设计—施工总承包　　　　　　　D. 代建制项目管理

2. 工程总承包的实施阶段一般在(　　)。

A. 施工图设计批复后　　　　　　　B. 初步设计批复后

C. 方案设计后　　　　　　　　　　D. 可研批复后

3. 工程总承包项目的优点包括(　　)。

A. 合同关系简单　　　　　　　　　B. 缩短建设周期

C. 有利于投资控制　　　　　　　　D. 有利于质量控制

4.工程审计的目的包括(　　)。

A.监督财政、财务收支的合法性,项目信息的真实性

B.审计建设项目实施过程的合法性

C.监督建设单位内控制度的建立

D.审计工程项目的绩效状况

5.审计机关与被审计单位基于(　　)产生行政法律关系。

A.审计法　　　　　　B.合同法　　　　　　C.建筑法　　　　　　D.以上均不正确

6.工程总承包与传统施工总承包的区别体现在(　　)。

A.业主面对的合同主体不同　　　　　　B.设计与施工之间的关系不同

C.项目组织管理模式不同　　　　　　D.风险承担不同

二、判断题

1.工程总承包就是施工总承包。　　　　　　　　　　　　　　　　　　　　(　　)

2.工程总承包项目总承包商承担了建设过程的外界风险、法律政策风险和经济风险。
　　　　　　　　　　　　　　　　　　　　　　　　　　　　　　　　　　(　　)

第 4 章

| JIANSHE XIANGMU QIANQI JIEDUAN GONGCHENG SHENJI

建设项目前期阶段工程审计

建设项目全过程跟踪审计是对建设项目前期、中期、后期的全过程进行跟踪审计。全过程跟踪审计在促进相关管理单位提高投资效益方面具有非常大的影响，在把控项目造价和促进廉政建设方面产生了积极的作用。建设项目全过程审计阶段划分为前期阶段、招投标阶段、实施阶段、竣工审计阶段、营运维护阶段。其中，前期阶段在项目全寿命周期的各阶段中是非常重要的，其主要工作内容包括建设项目投资决策审计、建设项目设计阶段审计、开工前期准备阶段工作的审计等。

4.1 建设项目投资决策审计

4.1.1 建设项目投资决策审计的概念

建设项目投资决策是为了使建设项目投资活动能实现预期的收益，建设单位对投资和建设方案进行比选、评判的行为。

建设项目投资决策审计是评判建设项目的必要性、技术的可行性和经济的合规性的一项综合性审计。建设项目全过程跟踪审计的关键环节是建设项目投资决策审计，它不仅具有很强的政策性，而且还涉及生产、技术、经济、自然地理、社会人文等与建设项目有关的各个方面。目前，独立、全面地开展这项审计工作，对审计机关有一定的难度，但从理论发展和国外审计工作经验的角度看，这项审计是非常必要的。基于此，本节从发展的角度着重探讨建设项目决策审计的内容及其投资模式。

4.1.2 建设项目投资决策审计的内容

1) 建设项目投资决策审计的主要内容

（1）审计前期决策程序的合规性

首先审计投资决策程序是否完整，是否做到了前后呼应；其次审计建设项目投资决策是否符合项目的建设要求，是否与项目的建设程序一致。

（2）审计投资决策财务评价是否可行

财务评价是指在财务数据估算的基础上，从企业和项目的角度出发，对项目财务可行性进行的分析和评价[15]。

财务评价的基本程序：①估算财务数据；②编制财务报表；③计算财务指标；④提出财务评价结论，看项目是否可行。

（3）明确投资决策审计方向，使投资决策审计工作真正到位

审计机构应对投资决策的质量重点审计，对投资决策过程中的各项技术经济指标再做重新论据和评判，确保投资决策质量，将决策风险降低到最低限度。

（4）审计建设项目投资新模式——PPP模式的条件与对象

PPP模式改变了投资主体和建设程序，因此要求审计人员关注各参与单位的利益目标和项目建设目标，改变单一主体目标的现状，注重体现审计目标的系统性[16]，从而知道审计工作的重点，进而优化审计模式；更好地确保建设期间的质量和进度审计，选择合作伙伴，评估风险和实施内部管理等。

【案例】广州南部高速公路PPP模式融资分析

广州南部高速公路自广州海珠区起，止于广州南沙区南沙港，全长72.4 km，项目总投资78.4亿元，其中项目资本金占35%（资本金中政府方占20%，社会资本占80%），其余资金50.96亿元需自筹解决。政府批准该公路为收费公路，收费年限为27年。

对路桥PPP项目，一般情况下政府有相关承诺，包括承诺除招标前国家及广州市已规划的公路项目外，政府严格控制审批建造与本项目平行、方向相同的高速公路。

融资模式分析如下：

（1）融资结构

本案例中，经广州市政府授权后，由广州市高速公路公司与路桥总公司组成项目公司，投资占35%，其余65%从金融机构融资。

（2）融资创新

金融机构打破了传统银行贷款方式（衡量资产抵押物），以项目融资的理念考察可否投资，即考虑该高速公路公司未来27年的现金流与赢利能力，要求项目公司提前把27年的收费权进行质押后成功合作。

2）建设项目投资决策审计资料

建设项目投资决策审计需要收集的审计资料见表4.1。

表4.1　建设项目投资决策审计需要收集的审计资料

	项目建议审计书
	可行性研究报告及可行性研究单位资质级别证明资料复印件
	有关的合同、批文
需要收集的审计资料	建设项目投资效益评价参数
	《投资项目可行性研究指南》（计办投资〔2002〕15号）
	国家、行业或地方有关部门颁发的相关文件
	其他与投资、收入、成本相关的资料

3）建设项目投资审计决策流程

在我国经济建设和其他各项利国利民的建设中,建设项目投资审计工作应严格按照审计要求进行,应规范审计流程,合理的建设项目投资审计流程如图4.1所示。

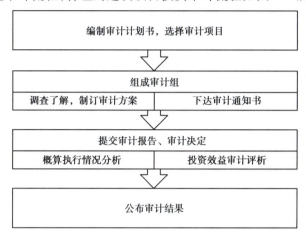

图4.1　建设项目投资审计流程

建设项目投资决策审计的程序和方法的标准与把握投资决策审计的尺度,是建设项目审计领域中尚未完全达到一致的理论争端之一。审计单位对建设项目审计时,应思考以下两个方面:既要认识建设项目前期决策对投资效益产生的巨大影响,又要分析由于其本身的特点所导致的审计风险。对于这一矛盾,建设项目审计人员需将上述提到的两种看法融合起来。概而论之,就是通过全过程跟踪审计的方法,使建设项目投资决策审计与决策工作本身同步进行[15]。

4.1.3　建设项目投资模式审计

1）建设项目投资模式的概念

建设项目投资,从广义上讲,是指企业投放财力于一定对象,以期望在未来获取收益的一项重要的经济活动;狭义上讲,是指以企业特定建设项目为对象,直接新建项目或更新改造项目有关的长期投资行为。

建设项目投资模式审计是审计部门对建设项目投资模式的项目识别阶段、项目准备阶段、项目采购阶段、项目执行阶段、项目移交阶段进行审计的一个过程,对建设项目投资整体结构起主导作用。目前我国除了传统的投资模式外,还涌现了 BOO、TOT、BOT、PPP 等投资模式。

2）建设项目投资常见模式

建设项目投资模式的发展历程如图4.2所示。

（1）BOT 模式

BOT 模式是指私人企业在政府给予的特许权的基础上融资,对基础设施项目进行建设,在规定的期限内经营设施并回收投资而获得利润,期满移交政府部门。

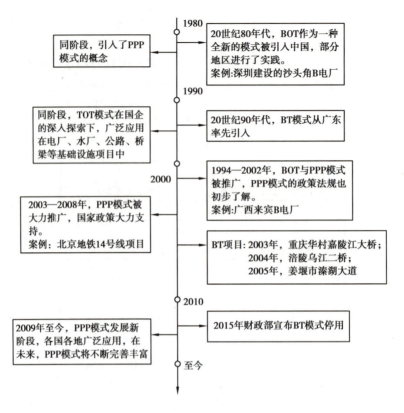

图4.2 建设项目投资模式发展历程

BOT模式的优缺点:能吸引大量的民营资本和国外资金,有利于解决建设资金的缺口,减轻政府的债务负担,有助于提高基础设施项目的建设和经营效率。但与此同时,因为在一定期限内将基础设施特许权交于私人企业经营,削弱了政府部门对基础设施项目的影响力和控制力。

(2)TOT模式

TOT模式是指政府对已经建成的基础设施项目,通过协议将其经营权授予私人项目公司,在特许期内私人公司负责项目的运营与维护并获得收益,特许期满,政府无偿收回项目。项目公司可以以项目在特许期内的现金收益为标的,从资金提供方获得资金,进一步开发运营项目。

TOT模式的优缺点:增加了社会投资总量,促进社会资源的合理配置,提高资源的使用效率,促使政府转变观念与职能等。但在投资法律环境不够完善的背景下,国有资产评估难度过大。

(3)PPP模式

PPP是政府部门与私人组织或者私营公司之间的一种合作模式,用以提供其他公共物品或服务,其目的是拓宽项目融资渠道,提升融资利用率,实现政府部门和私人部门的利益共赢。PPP模式是我国主要推广的一种建设项目投资模式。

PPP模式的优点:可以促进政府职能转换,减轻财政负担;节约项目投资,降低工程费用;合理分配各方风险,整合资源,实现优势互补;促使建设市场形成竞争体制,提高公共服务水平和效率等。审计机关在落实重大投资项目稳增政策措施跟踪审计中,应重点关注投资体制改革、投资模式和投资成效等政策的落实情况。对建设项目生命周期长,投资模式合作时间跨度过长的投资项目,要结合投资模式的特点和现状,对投资模式管理办法和标准合同范本、风险防范、监督和退出机制、投资模式适用范围进行审计,从而减少投资风险,整合资源,降低项目的整体成本;同时加快工程进度,提高投资的整体效益。因此,对建设项目投资模式进行审计是必不可少的,对整个建设项目投资有巨大的影响。

4.2 建设项目设计阶段审计

在建设项目投资决策审计完成之后,建设项目设计阶段审计则成为控制项目投资的关键阶段。它对建设项目的工艺和设备是否先进合理,建筑外形是否美观,质量和成本是否合规合理,以及建设项目进度控制、投资控制、投资效益等有显著影响。本节就建设项目设计审计和建设项目设计管理审计进行阐述。

4.2.1 建设项目设计审计

1) 建设项目设计审计的概念

建设项目设计是设计师根据建设单位的要求,用科学的方法统筹规划、制订方案,最后通过设计图纸和设计说明书等方式全面地表达设计理念、原则、产品外观和内部结构、设备安装等整体过程。

建设项目设计审计是从设计招标、设计合同、设计文件及概算、设计变更、设计收费、设计程序和设计单位的资质级别认定等方面展开对设计质量的审计工作[18]。

2) 建设项目设计审计的范围及内容建议

建设项目设计审计的范围及内容建议见表4.2。

表4.2 建设项目设计审计的范围及内容建议

建设项目设计审计范围	内容和建议
设计招标阶段	招标程序是否合规合法;设计单位的资质审查以及在招投标阶段对拦标价、标底价的市场咨询是否充分;设计单位质量控制体系的审查;投标时承诺人员是否兑现承诺
设计合同签订阶段	合同是否按照国家相关规定的示范条文进行签订;合同是否对设计质量有明确的规定;合同是否有对设计造成浪费的制约措施;合同收费是否符合国家相关规定;设计范围是否明确
设计方案评审阶段	参与设计人员与投标阶段的承诺是否一致;设计方案是否经过多方案比较,有无运用经济手段进行方案优化;是否运用限额设计或价值工程设计;是否对设计方案的经济性进行专家论证等
初步设计阶段	设计概算编制的合规性、准确性和真实性;是否存在"搭车"多列项目的现象;概算编制所依据的概算定额、概算指标、税率是否适用;是否考虑了项目建设所在地的自然、技术、经济条件;各项费用组成是否合理

续表

建设项目设计审计范围	内容和建议
施工图设计阶段	施工图预算是否超出概算；是否存在设计深度不够、考虑不足、设计文件粗糙等问题
重大设计变更评审阶段	重大设计变更是否必要；变更约束机制的运行有效性；现场签证、设计修改的必要性和取费合理性；变更责任的确认以及处罚措施的执行等

3)建设项目设计审计的程序

建设项目的设计工作是整个建设项目的整体规划,是根据建设单位的要求对建设项目在技术和经济上进行的整体设计和安排。建设项目设计审计是根据专家组意见对设计质量进行总体评价,对设计单位内控机制的运行情况进行评价[19],其过程也是根据设计工作的流程(图4.3)进行审计。

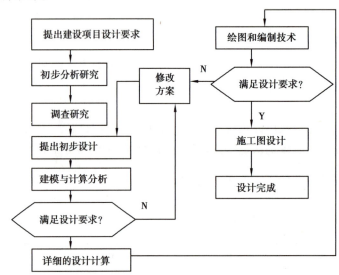

图4.3　建设项目设计的一般流程

4.2.2　建设项目设计管理审计

1)建设项目设计管理审计的概念

建设项目设计管理审计是指对项目设计管理工作进行全面的检查,包括设计单位是否与建设、勘察、施工单位协调工作;设计单位是否严格遵守设计质量管理制度;当建设项目由数个设计单位共同承担设计时,主体设计单位是否与各部分设计单位相互协调开展工作等。

2)建设项目设计管理工作的内容

建设项目设计管理工作的内容如图4.4所示。

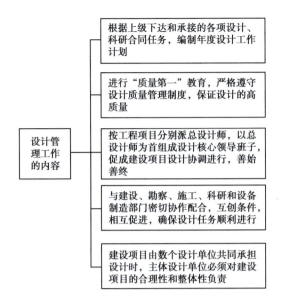

图4.4　建设项目设计管理工作内容

对建设项目设计管理工作的审计可以在一定程度上保证设计质量,推动设计任务根据设计要求有效开展,促进建设项目协调进行。因此,建设项目设计管理审计可以对设计管理工作起到非常大的作用。

4.3　开工前期准备工作审计

4.3.1　开工前期准备工作审计的主要内容

开工前期准备工作审计的主要内容如下:

①审计资金筹集、使用情况。

②审查设计图纸交付协议,检查施工组织的施工进度与施工图纸是否达到施工需求。

③审计建设项目施工监理单位招标选定情况。

④审计建设项目施工所需材料的来源与落实情况。

⑤审计项目征地、拆迁和施工场地"三通一平"的情况。

⑥审计施工单位与建设单位通过招投标选定后签订项目承包合同的情况。

⑦审计投资资金来源与落实的情况。

4.3.2　审计资金筹集情况

资金筹集贯穿项目建设全过程,由建设单位财务部门根据工程管理部门和计划部门等相关部门提供的投资计划、施工进度计划等相关资料,确定资金总额度及建设全过程各阶段所需资金额度,编制资金筹集计划、筹集方式,并以此作为资金筹集的重要依据。

1)审计资金筹集需要收集的资料

审计资金筹集需要收集的资料见表4.3。

表 4.3　审计资金筹集需要收集的资料

审计资金筹集所需的资料	已经获得批准的建设单位投资计划
	建设单位部门编制的资金筹集计划和年度建设预算
	使用国家财政资金的项目的上级有关部门关于划拨资金的批文
	使用银行贷款的项目的贷款协议或合同
	合同等其他相关资料、筹资成本与费用测算资料
	使用自有资金的项目的银行存款证明资料

2)审计内容和思路

审计资金筹集的内容和思路如下:

①建设项目资金来源的合法合规性,资本金和当年资金落实状态。

②财务部门对自筹资金的审批情况。

③使用银行贷款时,递交证明材料是否完善。

④使用银行贷款须提供银行贷款承诺书或合同。

⑤使用国外投资应递交主管部门批准的可行性研究报告、合同章程、协议书,预算内资金须落实。

⑥审计资金筹集和费用是否合理、经济。

审计资金筹集的目标和方法见表4.4。

表 4.4　审计资金筹集的目标和方法

审计目标	筹资过程的合法合规性
	建设资金的到位性
	筹资成本、筹资费用的经济性
审计方法	查阅法
	比较法
	计算和分析法

建设项目拥有稳定、可靠和充分的资金来源是建设项目前期准备工作的重要条件之一。对于不同的资金来源,资金审计的依据也不同,如上级单位的拨款书、企业的自筹资金存款证明、国外投资协议、银行贷款协议等。审计人员根据建设单位提供的各种证明文件,按照资金来源稳定性的不同,审查分析资金来源是否稳定,是否符合国家有关规定。同时,还应审查资金的筹措和使用进度计划是否与项目的实施进度计划一致,有无脱节现象。

建设项目前期资金运用情况审计见表4.5。

表 4.5　建设项目前期资金运用情况审计

发生的情况	审查内容
审查项目建设组织及其规章制度建立健全情况	审查是否根据项目建设的需要建立起相应的管理机构;审查其项目法人是否已经设立;项目经理是否已经接受培训,是否具备工作资质
审查项目初步设计及总概算批复情况	审查项目初步设计及总概算是否已经批复

4.3.3　审计"三通一平"的情况

"三通一平"是指建设单位需要在开工前对所有建设项目完成的技术准备工作,包括通水、通电、通路和平整场地。审计"三通一平"的目标是审核有关工作和费用计算的具体实施情况。

审计内容和审计思路如下:

①对照合同审计确认与"三通一平"有关的工作是否在开工前完成;

②对"三通一平"费用计算书进行审计,费用计算书中包括"三通一平"的工程量、费用计算标准;

③对"三通一平"的工作量进行审计;

④对"三通一平"费用进行审计,审查建筑工程费中的临时设施费与其是否重复。

"三通一平"审计的依据和方法见表4.6。

表 4.6　审计"三通一平"的依据和方法

审计依据	与"三通一平"有关的图纸、合同、施工签证、施工日志、验收报告等资料
	"三通一平"费用计划书
	规划部门的批文
	与建设地点有关的人文、地质勘察资料等。
审计方法	计算比较法
	复核法
	测量法

习　题

一、单选题

1.以下不属于勘察设计审计的行政性审查内容的是(　　　)。

A.勘察设计单位资质等级和范围是否与项目相适应

B.是否经过招投标

C.设计成果是否符合抗震、消防、节能环保等国家强制性规范

D.勘察设计人员执业资格

2.以下不属于设计变更管理审计的内容的是(　　　)。

A.审查是否建立、健全设计变更的内部控制

B.审查施工图、竣工图和其他设计资料的归档是否规范、完整

C.审查是否及时签发与审批设计变更通知单

D.审查是否加强设计接口部位的管理与协调措施

二、多选题

1.工程项目设计审计的目标主要包括(　　　)。

A. 审查工程项目造价的合理性

B. 审查和评价设计环节的内部控制及风险管理的适当性、合法性和有效性

C. 审查设计资料依据的充分性和可靠性

D. 审查委托设计、初步设计、施工图设计等各项管理活动的真实性、合法性和效益性

2. 技术性审查的主要内容包括(　　　)。

A. 勘察设计人员执业资格

B. 建筑物的稳定性

C. 建筑物的安全性

D. 是否符合抗震、消防、节能、环保、防雷、人防、无障碍设计等国家有关强制性规定

3. 财务评价的基本程序包括(　　　)。

A. 估算财务数据　　　　　　　　B. 编制财务报表

C. 计算财务指标　　　　　　　　D. 提出财务评价结论

4. 工程项目勘察设计审计的依据包括(　　　)。

A. 经批准的可行性研究报告及估算

B. 设计所需的气象水文地质、技术等基础资料

C. 勘察和设计合同

D. 设计变更管理制度及变更文件

5. 建设项目在设计阶段一般分为(　　　)。

A. 方案设计阶段　　　　　　　　B. 扩大初步设计阶段

C. 施工图设计阶段　　　　　　　D. 以上均不正确

三、判断题

1. 财务评价是指在财务数据估算的基础上,从国民经济的角度出发,对项目财务可行性所进行的分析和评价。　　　　　　　　　　　　　　　　　　　　　　(　　)

2. 核查勘察设计成果是否符合抗震、消防、节能、环保、防雷、卫生、人防、无障碍设计等国家强制性规范,属于行政性审查。　　　　　　　　　　　　　　(　　)

四、简答题

1. 简述审图工作的作用。

2. 简述工程项目勘察设计审计的程序。

3. 结合实际案例,讨论可行性研究报告的审计重点有哪些。

4. 如何评价可行性研究报告的编制深度是否达到要求?

5. 举例说明如何合理运用项目决策审计的各种审计方法。

6. 简述行政性审查的注意事项。

7. 比较建筑施工图设计与结构施工图设计的审查重点有何异同。

第 5 章 | JIANSHE XIANGMU ZHAOTOUBIAO YU HETONG GUANLI SHENJI

建设项目招投标与合同管理审计

建设项目招投标属于建设项目前期审计。招投标必须遵循"公平、公正、公开、诚实守信"的原则。合同是招投标工作的成果之一,制约着双方的权利和义务,是订立合同的当事人在建设工程项目实施过程中必须遵循的最高行为准则,是规范双方经济活动、解决合同纠纷的法律依据。因此,做好招投标审计工作,对建设项目的质量、工期、成本及合同管理起着重要作用。它可以从根源上消除工程领域的腐败现象,确保建设项目顺利进行,提高企业信誉,为各方带来最大的效益和利润。

5.1 建设项目招投标与合同管理概述

5.1.1 建设项目招投标与合同管理的概念

启动某项建设工程项目,不仅要对建设场地进行规划构思,更重要的是做好相关的招投标工作,而合同管理在建设项目中起着举足轻重的作用。例如,通过制订和履行承包内容、范围、价款、工期和质量标准等合同条款,业主和承包商可以在合同环境下调控建设项目的运行状态;通过分解合同管理目标责任,可以规范项目管理机构的内部职能,使其紧密围绕合同条款开展项目管理工作。

建设项目招标指招标人事先就拟建工程或服务等发包业务发布通告或发出邀请函,以法定形式召集承包单位参加竞争投标,从中择优选择工程承包方的市场交易活动[14]。

建设项目投标指已获得投标资格的建设项目承包单位参与投标竞争,按照招标文件的要求,在规定的时间内向招标单位填报投标函并争取中标的法律活动[14]。

合同管理是指建设行政主管部门、建设单位、承包单位、监理单位等,依照法律、行政法规及规章制度,采取法律、行政手段,对合同关系进行组织、指导、协调和监督,从而保护合同当事人的合法权益,处理合同纠纷,防止、制裁违法违规行为,确保合同条款实施的一系列活动[14]。

合同管理审计是指对项目建设过程中各专项合同内容及各项管理工作质量及绩效进行

审查和评价的活动[14]。

5.1.2 合同的体系

建设工程项目特别是大中型项目,从立项到投入使用,需要经历一个十分复杂的过程。在这个过程中,主要签订的合同类型见表 5.1[2]。

表 5.1　建设项目合同类型

序号	合同类型	含义
1	建设工程勘察合同	承包方进行工程勘察,发包人支付价款的合同。建设工程勘察单位称为承包方,建设单位或有关单位称为发包方(也称委托方)
2	建设工程设计合同	承包方进行工程设计,委托方支付价款的合同。建设单位或有关单位为委托方,建设工程设计单位为承包方
3	建设工程施工合同	建设单位与施工单位,也就是发包方和承包方以完成商定的建设工程为目的,明确双方权利和义务的协议。建设工程施工合同的发包方可以是法人,也可以是其他依法成立的组织或公民,而承包方必须是法人
4	工程总承包合同	发包人和承包人为完成特定工程的勘察设计和施工任务而签订的明确相互之间的权利和义务关系的协议
5	监理合同	委托方和监理方为完成特定建设工程项目的监理工程任务而签订的明确相互之间的权利和义务关系的协议
6	工程物资采购合同	采购方(建设单位、施工单位等)与供应单位之间为完成特定物资(建筑材料,建筑设备等)供应任务而签订的明确相互之间的权利和义务的协议
7	项目管理合同	委托方(建设单位、施工单位等)与项目管理单位为完成特定的项目管理咨询服务任务而签订的明确相互之间的权利和义务的协议
8	招投标代理合同	委托方(建设单位)与工程招标代理机构为完成特定工程的工程招标代理任务而签订的明确相互之间的权利和义务关系的协议
9	造价咨询合同	委托方(建设单位、施工单位等)与工程造价咨询单位为完成特定工程的工程造价咨询任务而签订的明确相互之间的权利和义务关系的协议

合同既是招标的决策结果和项目实施控制的依据,也是评价当事人全面履行权利和义务,以及承担相应责任的标准。工程合同在建设项目中的具体关系如图 5.1 所示。

合同交易的对象的标的通过招标确定。招标人发出招标公告和招标文件向潜在投标人或投标人向自己投标的意思表示,属于要约邀请;投标人向招标人递交的投标文件属于要约;招标人向中标人发出的中标通知书属于承诺。招标投标各方通过公平竞争、公正评价的规范程序确定中标人,订立合同并明确合同签订各方的权利、义务、责任[14]。

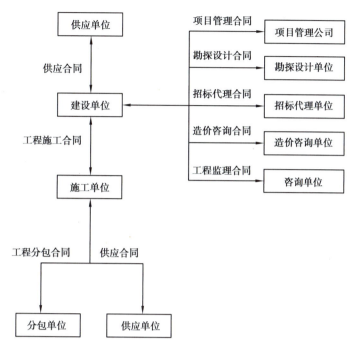

图5.1　工程合同关系

5.1.3　建设项目招标范围和条件

《中华人民共和国招标投标法》自2000年1月1日施行以来,对于推进招标采购制度的实施,促进公平竞争,加强反腐败制度建设,节约公共采购资金和保证采购质量发挥了重要作用。2011年出台的《中华人民共和国招标投标法实施条例》进一步规范了招投标活动。

1) 招标范围

《中华人民共和国招标投标法》第三条规定,在中华人民共和国境内进行下列工程建设项目包括项目的勘察、设计、施工、监理以及与工程建设有关的重要设备、材料等的采购,必须进行招标:

①大型基础设施、公用事业等关系社会公共利益、公共安全的项目;
②全部或者部分使用国有资金投资或者国家融资的项目;
③使用国际组织或者外国政府贷款、援助资金的项目;
④法律或者国务院规定的其他必须招标的项目。

2) 建设项目必须招标的规模标准

①施工单项合同价在200万人民币以上的;
②重要设备、材料等货物的采购,单项合同估算价在100万人民币以上的;
③勘察、设计、监理等服务的采购,单项合同估算价在50万人民币以上的;
④单项合同估算价格低于①、②、③项规定的标准,但项目总投资额在3 000万元人民币以上的。

建设项目经批准建设后,方可进行招标。这些条件有:一、招标人应当有进行招标项目的相应资金或者资金来源已经落实;二、已按照国家有关规定履行项目审批、核准手续;三、已完成必要的准备工作。

5.1.4　招标方式与招标程序

1)公开招标

公开招标又称无限性竞争招标,指招标人以招标公告的方式邀请不特定的法人或者其他组织投标,并通过报刊、网络等媒介发布招标公告吸引潜在投标人参加竞争投标。

2)邀请招标

邀请招标又称有限性竞争投标,指招标人以投标邀请书的方式邀请特定的法人或其他组织投标。

3)公开招标和邀请招标的区别

(1)发布信息方式不同

公开招标是在特定的网络、报刊或其他媒体发布招标信息;邀请招标是向三个以上具有承担招标项目能力、资信良好的特定的单位组织或法人发出投标邀请书。

(2)竞争范围不同

公开招标面向全社会,对投标人的数量没有限制,竞争性强,招标人有较大的选择余地,容易获得最优报价;邀请招标竞争范围比较小,且邀请对象是事先已了解的单位组织和法人,招标人选择的范围较小。

(3)公开程度不同

以公开招标方式招标,可吸引众多的承包商投标,竞争激烈,竞争相对公平公正;邀请招标公开范围小,较容易产生违法行为。

4)建设项目招投标流程

建设项目招投标流程如图5.2所示。

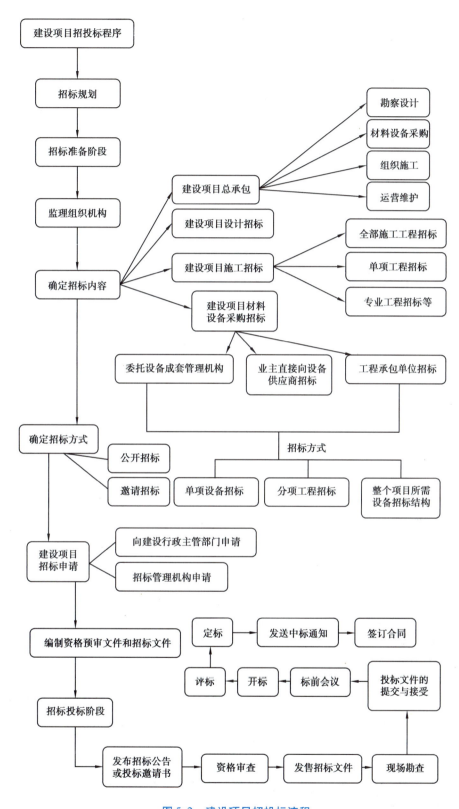

图5.2　建设项目招投标流程

5.2　建设项目招投标审计和合同管理审计

5.2.1　建设项目招投标审计

1）招投标审计的依据

建设项目招投标审计的依据有：
①我国有关建设工程项目招投标法律法规；
②单位内部招投标管理制度；
③《第 3201 号内部审计实务指南——建设项目审计》；
④招投标工作的各项文件资料,如招标文件、招标答疑文件、标底文件、投标保函、投标人资质证明文件、工程量清单、投标文件、投标澄清文件、开标记录、开标鉴证文件、评标记录、定标记录、中标通知书、专项合同、最高限价报价等。

2）招投标审计的内容

（1）招标准备阶段审计

①对建设项目招标规划和招标条件的主要审计内容：是否建立健全招投标内控制度,执行情况如何；即将招标的项目是否已经立项批准；需要征地拆迁的项目工作是否已完成；建设项目资金是否落实,资金来源是否合法。

②对招标范围、招标方式以及招标程序的主要审计内容：标段的划分是否合法合规以及符合项目的实际情况；招标人是否违规肢解工程项目进行发包；招标方式和招标程序是否符合有关法律法规和规章制度；需要公开招标的项目,是否有意规避公开招标,发布的招标公告中的信息是否全面、准确；对于采用邀请招标方式的建设项目,是否有三个及其以上的投标人参加投标；是否存在因有意违反招投标程序的时间规定而导致的串标风险[1]。

（2）招标阶段审计

①对招标人的主要审计内容：招标人发布资格预审公告或者招标公告时,是否通过国家指定的报刊、信息网络等媒介进行发布；不同媒介所发布的资格预审公告或招标公告内容是否一致；招标文件是否合法、合规,是否全面、准确地表述建设项目的实际情况以及是否准确表述招标人的实质性要求；工程量清单报价方式招标时,其招标控制价是否按《建设工程工程量清单计价规范》的规定编制。

②对投标人的主要审计内容：投标人是否符合资质等级条件,是否为独立的法人实体；资格审查资料是否真实；投标人的财产状况、设备设施状况、专业技术、管理经营能力、履约记录和安全记录；投标文件的送达时间是否符合招标文件的规定；法人代表签章是否齐全；有无存在将废标作为有效标的问题。

（3）开标、评标、定标阶段审计

①对开标、评标的主要审计内容：开标过程是否符合相关法律规定；投标委员会的组成结构、资格以及人数是否符合规定；评标人是否按照招标文件规定的评标标准和评标办法客观、正确地评价各投标文件,是否对低于标底的报价进行合理性评价；若需要投标人对投标文件进行澄清和说明的,澄清和说明内容是否真实、合理、有依据；审查中标人承诺采用的新

材料、新技术、新工艺是否先进,是否有利于保证质量、加快速度和降低投资效益[6]。

②对定标的主要审计内容:定标程序和结果是否符合相关规定;招标人是否存在以压低报价、增加工作量、缩短工期或者其他违背中标人意愿的要求作为条件向中标人发出中标通知书和签订合同,签订合同是否有悖于招标文件的实质性内容;合同签订过程是否完整,手续是否齐全,禁止招标人和中标人另行签订合同,禁止签订"阴阳合同"。

有关审计机构和审计部门人员应加强招标工作后的监督,进行追踪审计并建立信息反馈制度,监督签订合同各方按照合同执行,对发现幕后交易、以权谋私等问题,应严肃处理。如发现招投标过程中有违法违纪行为发生,应报告有关部门进行查处。

3) 招投标审计的方法

根据《第 3201 号内部审计实务指南——建设项目审计》的要求,招投标的审计主要采用观察法、询问法、分析性复核法、文字描述法和现场核查法等。

①观察法:审计人员亲临招投标人的工作地点,对工作的实施、内控控制制度的执行等,进行直接的观看检查,并关注其是否符合审计标准和书面资料记载。

②询问法:审计人员通过面对面的方式对被调查人员进行询问取证,询问过程中,审计人员应注意询问的侧重点,且需要判断询问对象的回答是否准确。

③分析性复核法:审计人员通过分析被审计单位的各项资料之间的要素是否相符,证实审计资料的真实性。例如将施工图预算与招标控制价或标底比较。

④文字描述法:用书面文字形式一边调查一边记录被审计对象的具体情况。

⑤现场核查法:审计人员通过对审计对象现场工作情况的观察来核实资料记录的真实性和准确性[7]。

5.2.2 合同管理审计

工程项目合同管理审计是建设项目审计的重要环节之一,以审查合同管理情况为抓手,加强对合同主体的资质鉴别、合同签订及合同履行等环节的审计监督,能够在很大程度上防范工程项目风险,提高建设项目审计的效率。

1) 合同管理审计的依据

根据《中华人民共和国民法典》合同编和一般公司管理制度,合同管理审计应依据以下主要资料:

①合同当事人的资质资料;

②合同管理的内部控制;

③专项合同书;

④专项合同的各项支撑材料等。

2) 合同管理审计的内容

(1) 合同管理制度审计

合同管理制度审计指对合同管理制度的制定和执行情况进行审计。主要审计内容:审查是否有专门的合同管理机构以及合同管理人员是否具备合同管理资格;审查组织是否制定健全的合同管理制度,是否建立合同评审和会签程序,并检查执行情况;审查合同管理机构是否建立防范重大设计、不可抗力、政策变动等的风险管理体系。

(2)专项合同通用内容审计

专项合同通用内容审计的主要内容:审查合同当事人的法人资质、合同内容是否符合相关法律法规的要求;审查建设项目是否合法;审查合同是否与招标文件相符;审查合同双方是否在经济、技术、管理等方面具有履行合同的能力;审查合同内容是否具备法律规定的必须具备的条款;审查合同条款是否规定了合同双方的权利和义务,有合同范本的,应审查所签合同是否采用了合同范本;审查合同是否有损害国家、社会和第三方利益的风险;审查合同是否有过错方承担缔约过失责任的规定,对违约责任的条款规定是否明确,违约金或赔偿金的数额是否有明确规定;审查合同是否有按优先解释顺序执行合同的规定等[12]。

3)各类专项合同审计

(1)勘察设计合同审计

勘察设计合同审计应检查合同是否明确规定建设项目的名称、规模、投资额、建设地点。

审计的主要内容:检查合同是否明确规定勘察设计的基础资料、设计文件及其提供期限;检查合同是否明确规定勘察设计的工作范围、进度、质量和勘察设计文件份数;检查勘察设计费的计费依据、收费标准及支付方式是否符合有关规定;检查合同是否明确规定双方的权利和义务;检查合同是否明确规定协作条款和违约责任条款。

(2)施工合同审计

建设项目施工合同指分包人和承包人就建设项目的建筑施工、设备安装、设备调试、工程保修等工作内容,确定合同双方权利和义务的协议。施工合同审计的主要内容如下:

①检查合同是否明确规定工程范围,工程范围是否包括工程地址、建筑物数量、结构、建筑面积、工程批准文号等;

②检查合同是否明确规定工期,以及总工期及各单项工程的工期能否保证项目工期目标的实现;

③检查合同的工程质量标准是否符合有关规定;

④检查合同工程造价计算原则、计费标准及其确定办法是否合理;

⑤检查合同是否明确规定设备和材料供应的责任及其质量标准、检验方法;

⑥检查所规定的付款和结算方式是否合适;

⑦检查隐蔽工程的工程量的确认程序及有关内部控制是否健全,有无防范价格风险的措施;

⑧检查中间验收的内部控制是否健全,交工验收是否以有关规定、施工图纸、施工说明和施工技术文件为依据;

⑨检查质量保证期是否符合有关建设工程质量管理的规定,是否有履约保函;

⑩检查合同所规定的双方权利和义务是否对等,有无明确的协作条款和违约责任;

⑪检查采用工程量清单计价的合同,是否符合《建设工程工程量清单计价规范》的有关规定。

除上述内容外,施工合同审计的重点还有:

①业主的主体资格、履约能力和建设项目现场前期准备情况;承包方的资质、施工组织能力、社会信誉和财务状况,承包方的二级公司或下属的工程队,不能对外签订施工合同。

②合同价款填写的规范性和合法性。

③合同对当事人各自工作的具体时间填写是否准确;双方所做工作的具体内容和要求填写的完整度;若双方不能按约定完成有关工作,应赔偿对方损失的范围、具体责任和计算方法等的填写是否清楚。

④合同价款的调整是否按通用条款所列的固定价格、可调价格、成本加酬金的 3 种方式之一;合同价款中合同计价方式约定是否清晰;对于采用固定价格合同的,检查固定价格的种类、风险范围的确定和风险费用的计算。

⑤若签订的合同涉及工程预付条款,应检查工程预付款的额度是否结合工程款、工期和包工包料情况进行计算;拨付款项的具体时间;约定扣回工程款的时间和比例是否明确。

⑥工程进度款条款应依据《中华人民共和国民法典》合同编第 286 条、《建筑法》第 18 条和《建筑工程施工发包与承包计价管理办法》第 15 条规定的内容。

⑦材料供应条款中材料设备供应的具体内容、品种、规格、数量、单价、质量等级、提供的时间和地点;供应方承担的具体责任;合同中是否约定供应材料和设备的结算方法和结算原则,材料设备的验收流程和标准。

⑧合同中是否约定双方当事人应承担的违约责任,对于双方共同违约的处理方式,以及合同规定违约金和赔偿金的具体数额的确定和计算方式。

⑨合同争议的解决途径和处理方式;总承包单位将承包工程中的部分工程发包给具有相应资质条件的分包单位,是否符合总承包合同的约定,是否经建设单位认可;分包单位承建的分包工程有无再分包的情况等。

(3)委托监理合同审计

委托监理合同审计的主要内容:检查监理公司的监理资质与建设项目的建设规模是否相符;检查合同是否明确所监理的建设项目的名称、规模、投资额、建设地点;检查监理的业务范围和责任是否明确;检查所提供的工程资料及时间要求是否明确;检查监理报酬的计算方法和支付方式是否符合有关规定;检查合同有无规定对违约责任的追究条款。

(4)合同变更审计

合同变更指有效成立的合同在尚未履行或未履行完毕之前合同内容的变更,不包括合同主体的变更。

合同变更审计的主要内容:检查合同变更的原因;合同变更是否按规定的原则和程序办理变更审批手续;检查合同变更程序执行的有效性及索赔处理的真实性、合理性;检查合同变更的原因以及变更对成本、工期及其他合同条款的影响的处理是否合理;检查合同变更后文件的完整度,有无影响合同继续生效的漏洞。

(5)合同履行审计

合同履行审计的时间从合同生效后至履行完毕止,对合同双方的履行情况进行审计。

合同履行审计的主要内容:检查是否全面、真实地履行合同;检查合同履行中的差异及产生差异的原因;检查有无违约行为及其处理结果是否符合有关规定。

(6)合同终止审计

合同终止审计指内部审计机构和人员对合同的签订、履行、变更、终止过程及合同管理进行独立客观的监督和评价活动。

合同终止审计的主要内容:检查合同终止的条件是否达到;检查终止合同的报收和验收情况;检查最终合同费用及其支付情况;检查索赔与反索赔的合规性和合理性;严格检查合同资料的归档和保管,包括合同签订、履行分析、跟踪监督以及合同变更、索赔等一系列资料

的收集和保管是否完整。

4) 合同管理审计的方法

(1) 审阅法

通过翻阅原先的交易相关文件、档案来了解交易原貌,获得凭证。主要查看以下几方面内容:

①资料的完整性,查看该笔业务应该具备的文件是否齐备;

②资料的协调性,查看各项资料相互之间是否一致,能否相互印证,是否有突兀感;

③资料的真实性,查看各项相关文件是否真实,有无伪造、编造等;

④资料的效力性,查看重要文件是否有法定效力。

(2) 核对法

核对法是在基建工程决算审计中用一种记录或资料同另一种记录或资料进行查对,用以相互验证和复核的手段。它是验证基建工程决算工程量与造价真实性、合理性的一种审计技术方法。例如,对某单位一基建项目进行审计,利用被审计单位提供的隐蔽工程签证单与施工单位提供的施工日志相核对,查出该基建工程决算重复签证、乱签证、多计隐蔽工程造价等问题。

(3) 重点跟踪审计法

该方法围绕工程造价中的重点进行审计。例如,工程量大或造价较高、工程结构复杂的工程;监理工程师签证的变更工程;基础隐蔽工程;采用新工艺、新材料的工程;甲乙双方自行协商增加的工程项目等。

5.3 设备和材料采购审计

材料和设备采购是建设项目实施的重要环节之一,采购质量的好坏和采购价格的高低直接影响项目的质量和投资效益。因此,设备和材料采购审计也是建设项目全过程审计的重要环节之一。

5.3.1 设备和材料采购概述

1) 设备和材料采购方式

公开招标:按照国家法律法规,以招标公告的方式邀请不特定的供应商参与投标,并择优选择中标人。对采购金额在100万元以上且质量可靠性不易确定的建设项目,市场价格波动较大的建设项目应采用公开招标方式。我国政府和世界银行商定,凡工业项目采购额在100万美元以上的,均需采用国际竞争性招标。

邀请招标:招标人向三家以上(不能少于三家)具备备货能力的单位直接发出投标邀请书,邀请其参加投标。邀请招标适用于采购金额在10万元以上100万元以下或者质量可靠性要求较高,价格弹性不大的设备和材料。

其他方式:设备、材料现货采购有时也通过询价方式选定设备、材料供应商。在设备、材料采购增购时,有时也采用非竞争性采购方式直接订购。

2) 设备和材料采购审计时间

工程项目货物采购的内部审计时间介入一般较早,是全过程的全面审计。期间要求从采购计划、审批、询价、招标、签约、验收、核算、付款和领用等所有环节进行监督,对计划制订、签订合同、质量验收和结账付款 4 个关键点进行重点审计监督。审计监督贯穿采购活动的全过程,是确保采购规范和控制质量风险的第二道防线。

5.3.2 设备和材料采购审计依据

为了保证设备和材料采购环节的真实性、合法性和有效性,进行设备和材料采购环节审计的依据应包括以下内容:
①采购流程;
②采购计划;
③采购计划批准书;
④采购招投标书;
⑤采购中标通知书;
⑥采购询价单;
⑦设备和材料采购专项合同;
⑧采购发票;
⑨设备和材料采购入库验收单;
⑩采购、收发保管等内部控制制度;
⑪相关会计凭证和会计账簿等。

5.3.3 设备和材料采购审计内容

1) 采购计划审计

计划环节是设备和材料采购活动的起点,对落实采购资金、提高采购效率和资金使用效益具有推动作用。

采购计划审计的主要内容:检查单位的采购计划批准权与采购权等相关内部控制制度是否健全有效;检查是否根据已报批准的可行性研究报告和设计文件编制采购计划;检查拟订购的各种设备、材料是否合理、科学,计划书的编制是否符合工程项目总进度计划;检查大宗物资材料和大型设备的购置是否进行风险评估,是否有有效的风险防范措施;检查采购计划是否按照规定流程进行审批。

2) 采购方式审计

采购方式审计应遵循实事求是、具体情况具体分析的原则。
①首先应审查所采购物资是否属于国家或单位规定的应该招标的项目。对属于公开招标的项目,检查招标采购的程序是否符合法律法规,对外发布的招标信息是否全面、准确。
②采用邀请招标方式的,检查是否邀请三个以上(含三个)投标人参加投标。
③采用询价谈判方式的,检查供应商是否在两家以上(含两家),同时检查采购部门是否

根据市场情况遵循物有所值的原则与供应商协商。

3)采购合同审计

①审查合同主体的合法性,确保合同法律效力。重点审查供货方是否为依法登记的企业法人;供货方提供的营业执照和营业期限;供货方的经营范围;是否有合同履约情况(了解供应商的资产结构、生产经营人员状况、上一年的生产供应情况等)。

②审查合同的各项条款。重点审查合同是否包含设备和材料的规格、品种、数量、单价和价款计算方式、交货方式、交货时间和地点、验收标准和方法、违约处罚和解决争议方式等条款。

③对新设备、新材料的采购,审查是否进行实地考察、资质审查、价格合理性分析及专利权真实性调查。

4)采购验收管理审计

①审计设备和材料验收、入库、保管及维护制度。例如,检查验收程序是否合法合规;购进的设备材料是否按合同签订的质量验收;验收合格的设备和材料是否全部入库,有无少收、漏收、错收等问题;检查已入库的设备和材料的存放保管是否规范等。

②审计结算付款程序。检查设备和材料采购的付款程序是否合法,付款是否经过审查批准;结算单据是否完整、规范,以及有无相关部门和人员办理签字手续;代理采购中代理费用的计算和提取方法是否合理;财务部门在付款前是否验算原始单证(包括数量、单价、总金额计算);材料损耗计算的合理性;采购成本计算是否合理等。

③审计设备和材料领用。检查设备和材料领用手续是否完备,有无擅自领用等问题;领用的数量和规格型号[12]。

5.3.4　设备和材料采购审计方法

1)审阅法

审阅法指通过翻阅原先的交易相关文件、档案来了解交易原貌,获得凭证。

2)网上比价审计法

比价审计关键在确定合理的公允价格,而确定合理的公允价格关键在审计人员能否及时获取各种物资价格的实时行情。审计部门可根据所购货物的种类、数量、价格等情况,通过网络等途径获取相关价格。

3)分析复核法

分析复核法指通过对材料、设备采购中的相关事项,如采购计划、采购文件、投标文件中的相关指标进行对比分析、评价,以便发现问题。例如,分析采购计划是否符合工程进度要求;分析采购价格是否合理;对比采购库存量的合理性等。

4)现场观察法

通过实地查看交易中出现的材料和设备的实物来了解交易原貌。

【案例】

中国大唐集团公司 2012 年度财务收支审计结果至 2013 年 7 月,所属大唐国际为多伦煤化工项目采购的 2 735.22 万元催化剂一直未用,已超过保质期两年;内蒙古大唐国际锡林郭勒盟煤化工项目筹备处为该项目采购的 1.7 亿元催化剂闲置 3 年多,增加资金成本 2 903.03 万元。

习 题

一、单选题

1.以下不属于采购验收管理审计的内容的是( )。

A.审查采购合同与财务结算、计划、设计、施工、工程造价等各个环节衔接部位的管理情况

B.审查设备和材料验收、入库、保管及维护制度

C.审查采购结算付款程序

D.审查设备和材料领用

2.以下不属于委托咨询合同的是( )。

A.项目管理合同　　B.勘察设计合同　　C.招标代理合同　　D.工程监理合同

3.对于采用合同示范文本的项目,重点审查专用合同条款是否与通用合同条款相符属于合同的( )审查。

A.有效性　　　　　B.公平性　　　　　C.完备性　　　　　D.公开性

4.以下属于建设工程合同的是( )。

A.项目管理合同　　B.勘察设计合同　　C.招标代理合同　　D.工程监理合同

5.某单位将办公楼装修工程分为楼地面装修、吊顶等项目对外单独发包,这属于( )违法行为。

A.虚假招标,明招暗定　　　　　　　B.挂靠

C.肢解工程,规避招标　　　　　　　D.围标串标

6.某单位在招标过程中设置"门槛",利用"技术手段"排斥潜在投标人,这属于( )违法行为。

A.虚假招标,明招暗定　　　　　　　B.挂靠

C.肢解工程,规避招标　　　　　　　D.围标串标

7.一些承包商在投标时采取工程项目轮流做,相互掩护,达成协议,抬高工程报价,这属于( )违法行为。

A.虚假招标,明招暗定　　　　　　　B.挂靠

C.肢解工程,规避招标　　　　　　　D.围标串标

二、多选题

1.招标工作审计的目标包括( )。

A.招投标环节的内部控制及风险管理的适当性、合法性和有效性

B.招标资料依据的充分性和可靠性

C.招投标程序的真实性、合法性和公正性

D. 工程发包的合法性和有效性

2. 以下属于招标工作中存在的问题包括(　　　)。

A. 规避招标　　　　B. 围标串标　　　　C. 低价中标　　　　D. 分包

3. 以下哪些建设项目可以采用邀请招标包括(　　　)。

A. 政府投资项目

B. 建设标准难以描述的项目

C. 具有特殊性,只能从有限范围的供应商处采购的项目

D. 采用公开招标方式的费用占政府采购项目总价值比例过大的项目

4. 招标工作审计的主要内容包括(　　　)。

A. 招标内容范围的审核　　　　　　　B. 招标方式的审核

C. 招标程序的审核　　　　　　　　　D. 招标文件的审核

5. 针对采购合同,主要审计以下哪些内容(　　　)。

A. 审查采购合同的签订程序是否合法、规范

B. 审查物资采购合同的各项条款是否完备

C. 检查对新型设备、新材料的采购是否进行实地考察、资质审查

D. 审查采购行为是否按照合同有效执行

6. 合同管理制度包括(　　　)。

A. 合同会签制度　　　　　　　　　　B. 合同审查制度

C. 合同印章管理制度　　　　　　　　D. 合同信息管理制度制度

7. 在合同签订阶段,对工程项目进行合法性审查一般包括(　　　)。

A. 审查转包是否符合相应的法律规定

B. 是否具备工程项目建设所需各种批准文件

C. 工程项目是否已经列入年度建设计划

D. 建设资金与主要建筑材料和设备来源是否已经落实

8. 对工程专项合同通用内容的审计一般包括(　　　)。

A. 合同效力的审查　　　　　　　　　B. 合同完备性的审查

C. 合同形式的审查　　　　　　　　　D. 合同条款公正性的审查

9. 工程签证与索赔审计的内容包括(　　　)。

A. 审查合同条款中是否明确有效签证的认定原则

B. 审查签证事宜是否真实,责任划分是否合理

C. 审查工程变更签证合同价款的调整

D. 审查索赔的期限和程序是否符合合同约定

10. 对于材料采购,常用的审计方法包括(　　　)。

A. 审阅法　　　　　　　　　　　　　B. 网上比价审计法

C. 跟踪审计法　　　　　　　　　　　D. 实地清查法

11. EPC 招标工作前置条件审核包括(　　　)。

A. 建设规模　　　B. 建设标准　　　C. 建设范围　　　D. 功能需求

12. 招标工作审计的内容包括(　　　)。

A. 招标内容范围的审核　　　　　　　B. 招标方式的审核

C. 招标文件的审核　　　　　　　　　D. 招标程序的审核

13. 招标工作审计的方法包括( )。
A. 观察法 B. 询问法 C. 文字说明法 D. 现场核查法

14. 以下属于委托咨询合同的是( )。
A. 项目管理合同 B. 造价咨询合同 C. 招标代理合同 D. 工程监理合同

15. 工程合同审计的重点包括( )。
A. 合法性 B. 规范性 C. 实用性 D. 系统性

16. 工程合同管理审计的目标包括( )。
A. 合同管理环节的内部控制状况
B. 审查和评价工程项目风险管理水平
C. 审查和评价合同资料是否完备、真实可靠
D. 审查和评价合同的签订和履行情况

17. 工程合同管理内控制度审计的主要内容包括( )。
A. 审查和评价被审计单位合同管理组织机构设置的情况
B. 审查和评价被审计单位合同管理人才的配备情况
C. 审查和评价被审计单位合同管理制度的建立和执行情况
D. 审查和评价被审计单位合同风险管理情况

18. 以下属于合同内容合法性审查的是( )。
A. 审查合同规定的工程项目是否符合政府批文
B. 审查合同规定的项目是否符合国家产业政策
C. 合同内容是否违反地方性、专门性规定
D. 政府投资项目合同是否约定垫资施工条款

19. 工程合同履行的审计内容包括( )。
A. 检查当事人双方是否按照合同约定全面、真实地履行合同义务
B. 检查合同履行前是否通过合同交底落实合同责任
C. 检查合同执行情况
D. 合同管理工作评价

20. 工程合同变更的审计内容包括( )。
A. 工程变更的原因分析 B. 工程变更的程序执行检查
C. 工程变更的影响分析 D. 变更执行情况检查

21. 终止合同的审计内容包括( )。
A. 检查合同终止的要件是否达到 B. 检查终止合同的报收和验收情况
C. 检查最终合同费用及其支付情况 D. 严格检查合同资料的归档和保管

22. 合同计价方式是指( )。
A. 工程量清单计价 B. 定额计价
C. 模拟清单计价 D. 总承包计价

23. 以下属于对业主的合同主体资格审计需要了解的内容的是( )。
A. 主体资格 B. 履约能力
C. 业主的社会信誉 D. 施工能力

24. 以下属于对承包商的合同主体资格审计需要了解的内容的是( )。
A. 资质情况 B. 财务情况 C. 社会信誉 D. 施工能力

25. 采用固定单价合同的工程,应着重考虑审计(　　　)。

A. 原合同范围内的综合单价　　　　　　B. 原合同范围外的综合单价

C. 原合同范围内的工程量　　　　　　　D. 原合同范围外的工程量

26. 目前我国工程项目的评标方法主要有(　　　)。

A. 价值最大中标法　　　　　　　　　　B. 最低价中标法

C. 经评审的最低价中标法　　　　　　　D. 综合评估法

27. 工程总承包项目合同价款的确定方式包括(　　　)。

A. 固定总价合同　　　　　　　　　　　B. 固定单价合同

C. 模拟清单合同　　　　　　　　　　　D. 费率合同

三、判断题

1. 检查是否进行合同交底工作是工程合同履行审查的重点。　　　　　(　　)

2. 招标人可以将配套附属工程直接发包。　　　　　　　　　　　　　(　　)

3. 招标人可以自主选择采用公开招标还是邀请招标。　　　　　　　　(　　)

4. 所有的建设项目均可以采用公开招标。　　　　　　　　　　　　　(　　)

5. 相比施工总承包,采用工程总承包业主的组织协调管理工作量较大。 (　　)

6. 招标文件是审计投标报价时应考虑的因素。　　　　　　　　　　　(　　)

7. 建设单位应当支付多少价款给承包商当以双方合法签订的合同为准。(　　)

8. 建设单位应当支付多少价款给承包商当以审计结论为准。　　　　　(　　)

9. 审计机关有权否定合同。　　　　　　　　　　　　　　　　　　　(　　)

10. 承包单位的工程处能直接对外签订合同。　　　　　　　　　　　　(　　)

11. 议标也属于我国招标投标法规定的招标方式。　　　　　　　　　　(　　)

12. 开标应在招标文件确定的投标截止时间的同一时间公开进行。　　　(　　)

13. 对于业主而言,最有利的是采用成本加酬金合同。　　　　　　　　(　　)

14. 对于施工单位而言,风险最大的是采用总价合同。　　　　　　　　(　　)

15. 工程签证与索赔审计是工程合同履行过程审计的重点。　　　　　　(　　)

16. 经过授权,工程部负责人可以自己携带合同专用章外出签订合同。　(　　)

四、简答题

1. 简述对投标人资格的审计重点。

2. 简述设备和材料审计的主要方法。

3. 按合同的计价方式,简述工程合同的分类。

4. 简述施工合同审计的主要内容。

5. 简述工程合同变更审计的主要内容。

6. 简述工程签证与索赔审计的主要内容。

7. 讨论设计合同的审计要点有哪些。

8. 对于工程施工合同中合同价款及调整相关条款应当如何审核?

第6章 建设项目施工阶段审计

| JIANSHE XIANGMU SHIGONG JIEDUAN SHENJI

建设项目的施工阶段在项目建设全过程中所占时间比重大,施工管理繁杂。全过程审计能够对施工阶段进行全过程持续监督,在过程中及时发现和纠正问题,降低因不了解实际情况带来的审计风险,确保建设项目能够顺利完成质量、进度、投资等目标。招标合同的规范化、项目设计的可行性,以及施工阶段的管理模式对建设项目的质量、进度和成本控制起决定性作用。

6.1 施工阶段审计内容

施工阶段的审计主要围绕建设项目的质量、进度以及成本控制这三大方面开展。

6.1.1 施工阶段审计依据

施工阶段审计的主要依据如下:

①国务院建设行政主管部门以及各省、自治区、直辖市和有关部门发布的工程造价计价标准、计价办法、有关规定及相关解释。

②《建设工程工程量清单计价规范》和《建设项目工程结算编审规程》,以及其他行业的计价规范或编制办法等计量计价标准。

③省、自治区、直辖市和有关部门发布的价格信息和调价文件等[12]。

6.1.2 建设项目进度审计

建设项目进度控制是建设项目三大控制目标之一。建设进度管理涉及建设项目的各个阶段,建设项目各参与单位进度管理的有效执行是实现建设进度整体目标的保障。其主要审计内容大致如下:

①审查监理单位的监理进度控制体系完善情况,监理单位的进度控制体系能否对项目进度进行有效控制;对于项目建设的实际条件和施工现场的实际情况,监理单位安排的监管人员是否满足需求;施工方的进度计划是否达到监理单位进度控制的目标并通过审批。

②审查施工单位人员、材料、机械设备的供应是否使整个建设过程按合同约定顺利进行,确保在合同规定时间内完成相应的项目建设活动。

③审查建设单位、监理单位和施工单位是否按照规定对各阶段投资情况进行分析了解，有无总结建设项目进度滞后的原因，对已出现的问题是否采取有效的措施；在各阶段有无编制相应项目建设进度报告，以便监理单位后期审查工作的开展。

④当出现无法在合同规定时间完工需采取赶工措施时，审查建设单位、监理单位和施工单位是否根据现场情况调整进度计划，调整后的进度计划是否按规定进行审批。

⑤审查施工单位是否按照约定时间，将施工组织设计和建设项目进度计划报交监理工程师；施工单位是否按照建设单位提供的图纸及有关资料的时间编制施工进度计划表；施工单位是否按照约定的开工日期开始施工，若施工单位不能按时开工，是否在不迟于约定的开工日期前 7 天，以书面形式向监理工程师提出延期开工理由和要求[12]。

⑥审查是否存在设计施工图纸提供不及时等因素影响施工进度，施工单位与设计单位是否进行调整并采取相关措施来解决进度问题。

⑦审查是否存在供应商无法按时提供材料及设备从而影响施工进度等情况，是否根据施工要求及时调整供应计划。

⑧审查在项目开始施工建设前，建设资金是否到位以及能否保证施工阶段后期的正常进行，对此是否采取了解决方案；工程进度款是否按期支付，能否保证施工的正常进行。

6.1.3 其他相关资料审计

1) 工程预付款审计

工程预付款是施工单位为项目建设准备材料和设备所需的流动资金，是保证建设项目质量和进度的资金。其审查的主要内容大致如下：

①审查工程预付款是否在签订施工合同后按合同约定时间完成支付。

②审查预付款支付比例是否符合合同、文件要求；预付款金额是否按照合同约定全额支付；合同约定扣除暂列金额、暂估项目金额的，在计算时是否进行扣除[12]。

③审查工程款的支付情况与预付款的扣减关系。

2) 工程计量与支付审计

计量与支付是建设项目施工过程中资金控制的核心，是保证建设项目质量和建设进度的手段。工程签证除了记录建设过程中发生的因不可预计的变化而产生的费用外，还是索赔和反索赔的依据。建设项目的设计变更也会对建设进度产生很大影响。

工程计量与支付审查内容包括：项目开始阶段至目前已完成工程的价款，累计已完成的工程价款，已完成计日工金额；应增加或扣减的变更、索赔金额是否按合同约定进行增减；应该抵扣的工程预付款金额是否进行了扣除；应扣减的质量保证金是否按合同规定的条例进行扣减。

①对分阶段的工程价款结算书进行审核，审查签证记录的真实性、合法性，核实确认工程量；审查工程所套定额或清单价是否与实际相符，当实物工程量与图纸不符、施工情况与施工合同不符、施工用料发生变化时，必须获取必要的签证。

②审核实际工程量的计算是否与原工程量计算一致，对新增项目，是否按照国家和地方或承发包事先约定的工程量计算规则办理[12]。

③审核建设单位是否对已拨付工程款的使用进行监督，防止施工单位挪作他用。

3)工程变更及签证审计

由于建设项目施工周期长,受自然条件和客观因素的影响大,导致项目施工阶段的实际情况有时会与招标时的情况不一致,若发生设计变更,则会对施工进度造成很大影响。工程变更及签证审计的主要内容有:

①审查工程变更或签证的理由是否充分,是否有变更成签证的必要。防止出现低价中标,高估冒算工程量以抬高工程造价等不正当行为。

②审查工程变更的程序是否符合相关规定,是否经建设单位、监理单位、设计单位签字,手续是否完备,有无擅自扩大建设规模和提高标准的问题。

③审查工程签证的程序是否符合相关规定,手续是否齐全,内容是否真实。

④审查工程变更及其数量的真实性[12]。

6.1.4 建设项目成本管理审计

建设项目成本管理审计所需获取的资料有:与项目相关的会计明细账簿、合同以及合同台账、工程结算审核报告、批复概算明细表。针对以上资料,实施如下检查和分析程序:

(1)建筑安装工程支出审计

有针对性地抽查部分会计凭证,编制相应的凭证检查表,应把重点放在有无除设计概算外其他工程项目的支出,作为付款依据的原始凭证是否按规定进行了审批,是否合法、齐全;抽查建设项目的相关合同,核对合同的预算金额与实际结算金额,对差异较大的查明差异原因。

(2)安装设备支出审计

有针对性地抽查部分会计凭证,编制相应的凭证检查表,应把重点放在有无除设计概算外的其他工程项目的仪器、仪表等列入本科目,是否在本会计科目中列入不需要安装的设备,购入的无形资产及其他不属于本会计科目工程支出的费用;检查设备采购合同,核对合同金额与实际结算金额,对差异较大的查明差异产生的原因;时刻关注国家颁布的增值税政策,检查设备增值税抵扣是否合规。

(3)待摊投资支出审计

有针对性地抽查部分会计凭证,编制相应的会计凭证检查表,把关注点放在工程管理费、征地费、可行性研究费、临时设施费、公证费、监理费等各项费用的支出是否存在扩大开支范围,提高开支标准,以及将建设资金用于集资或提供赞助而列入其他的支出问题[12]。

6.2 施工阶段审计质量

在一些建设项目中,施工承包方所提供的竣工结算书中有多算工程量、材料价格失实、错套定额、签证混乱等现象。要提高建设项目施工阶段审计质量,除了应认真审核套用定额及费率外,还应重点抓好以下5个环节的工作:

1)以合同为依据

建设项目合同是建设项目承发包双方实施市场交易行为的依据,合同文件中订立的结算方法、取费标准、下浮内容等条款是结算造价审计的依据。审计时应认真阅读合同,理解施工合同条款的确切含义,依据国家有关法律、法规和各地区的有关规定,重点分析施工合同、补充合同或协议[20]。

2)现场签证

现场签证是指承发包双方对施工现场发生的特殊情况、除设计内容以外的施工过程进行的书面确认。在建设项目承发包的工程价款结算中,绝大部分采取施工图预算加变更签证进行工程结算,因此现场签证是工程结算的重要凭据。由于建设单位与施工单位的思考角度和利益取向不同,前者希望获取更大的投资效益,后者希望争取更多利润,所以现场签证复杂多样。有些甲方和监理方对预算和有关规定不熟悉,不该签证的项目盲目签证;有些签证只有口头承诺,未及时办理相关手续;有些虽事后补签,但表述不清、准确性和时间性不强,这些都会严重影响工程结算的真实性。现场签证时需要注意以下几点:

①凡是预算定额中有规定的项目不得进行签证。

②现场签证必须经甲方驻工地代表、现场监理人员及施工单位项目经理三方签字盖章后,方可确认。

③现场签证要求内容明确、项目清楚、数量准确。签证应明确材料的性质、数量和用途。

④价款的结算方式以及单价应明确。

⑤对现场签证逐一审核,废除不合理的签证[20]。

3)工程量审核

工程量审核是结算中最基础的部分,在整个预算、结算审核中也是最繁重、耗时最长的一个环节。它的准确与否直接关系工程造价的准确性。因此,必须在工程量的审核上狠下功夫,才能保证工程结算的质量。工程量的审核应注意以下两点:

①口径必须一致。应注意审查施工图列出的子目(工程子目所包括的工作内容和范围)与预算定额是否相一致,只有一致才能套用预算定额中的预算单价。

②计量单位必须一致。应注意审查施工图列出的计量单位是否与预算定额中的计量单位一致,只有一致才能套用预算定额的预算单价并确保工程量的准确性。

4)材料审价

材料审价首先应由施工单位提供建设方认可的品牌的材料发票,或提供材料供应商的报价单、材料采购合同,然后根据这些资料有的放矢地进行市场调研。材料供应商的报价和材料采购合同价与实际采购价会存在一定的差距,在审价时应找出差价,按实计算。

其次需注意的是,审价人员对施工单位提供的材料发票要仔细辨认,分清真伪。有的建设工程复杂、施工期长,材料价格随着市场供求情况波动较大,审价人员应审核结算材料市场的价格是否按施工阶段或进料情况综合加权平均计算。

如某变电站建设工期为 10 个月,实际 1—6 月进料 60%,7—10 月进料 40%。若按 1—10 月市场信息加权平均计算,水泥为 356 元/t;若按 1—2 月市场价计取,水泥为 384 元/t,水泥市场价格增加了 28 元/t。该工程水泥总量为 2 650 t,水泥多算了 7.42 万元[20]。

5)现场勘察

施工现场勘察工作对最终的审计结果也有直接影响。若在竣工验收时工程师发现现场并未按照原有的施工设计图进行施工,则对最终的建设成果质量有很大影响。例如,在勘察某房地产开发公司的住宅楼的施工现场时,工程师发现承包人未按设计图纸施工,偷工减料,导致屋面广泛渗漏。若未到现场进行勘察,将产生无法估量的影响。

建设项目竣工验收、结算和决算审计

建设项目竣工结算审计和竣工决算审计的作用是防止施工企业在编制建设项目结算时高估冒算,加强对政府投资的有效控制,监督管理者廉洁守法,杜绝违法违规行为,提高工程质量和优化投资效益。

7.1 建设项目竣工验收审计

7.1.1 建设项目竣工验收审计的概念

建设项目竣工验收审计是建设投资成果转入生产或使用的标准,也是全面审核投资效益,审查设计和施工质量的关键之一。考核内容包括是否达到建设项目决策所规定的质量规范,是否符合设计文件所规定的质量要求。

7.1.2 建设项目竣工验收审计的内容

竣工验收审计的主要内容如下:

①完整性审计。审查建设项目的全部建设内容与总体设计是否相符合。

②使用性审计。检查土建安装工程现场环境、生产和使用要求是否符合验收标准;隐蔽工程、关键部位是否有施工记录和验收资料;各项技术资料是否齐全,绘制的竣工图是否符合规定。

③合法性审计。检查工期是否符合承包合同的规定,是否有扩大规模和提高标准的现象,建设项目规模和规范是否按最后批准的执行。

④审查遗留问题的解决办法的落实情况。例如,环境工程审查遗留项目的工程量所需投资及完成期限是否已确定等。

7.2 建设项目竣工结算审计

建设项目竣工结算是建设项目验收合格后,承包方依据合同及招标文件、竣工图纸、施工合同、设计变更签证等资料编制竣工结算文件,发包人在规定时间内详细审核承包人编制的结算文件,一经发承包人签字盖章后作为经济文件,成为双方结清工程价款的直接依据。

建设项目竣工结算审计是在准确计算工程量的基础上,以国家及地方定额站颁发的预算定额、费用定额、设计文件、变更费用及签证为依据,对施工单位所做的工程竣工结算费用进行审计。

7.2.1 建设项目竣工结算审计流程

结合项目实际情况,建设项目竣工结算审计的具体流程如图7.1所示。

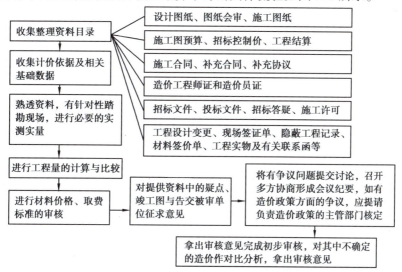

图 7.1 建设项目竣工结算审计的具体流程

7.2.2 建设项目竣工结算审计方式

建设项目竣工结算的审查应依据施工发承包合同约定的结算方法进行,根据施工发承包合同的不同类型,应采用不同的审查方法[21],如下所列:

①采用总价合同法:在合同价的基础上对设计变更、建设项目洽谈以及工程索赔合同约定可以调整的内容进行审查。

②采用单价合同法:审查施工图以内的各分部分项工程量,依据合同约定的方式审查分部分项工程价格,并对设计变更、建设项目洽商、建设项目索赔等调整内容进行审查。

③采用成本加酬金合同法:依据合同约定的方法审查各分部分项工程,包括设计变更、建设项目洽商等在内的建设项目成本,并审查酬金及有关税费的取定。

④结算审查涉及建设项目单价调整时,按合同约定参照结算编制单价调整的办法执行。

⑤除非已有约定,对已被列入审查范围的内容,结算应采用全面审查法。

⑥对法院、仲裁或承发包双方共同委托的未确定计价方法的工程结算和审查或鉴定,结

算审查应根据建设项目实际情况与国家法律法规,独立确定鉴定或审查适用的计价办法。

7.2.3 建设项目竣工结算审计的内容及要求

建设项目竣工结算审计是以原施工图预算为基础,对实际施工中技术变更产生的费用、施工进度款、预付材料款与实际结算情况进行审计。其主要内容有:对结算文件的递交流程和完整性进行审计;对建设项目发承包合同和补充合同的合法合规性进行审计[21];对建设项目工程量的准确性进行审计;对规费、税金的取费基数和费率进行审计;对隐蔽验收记录、落实设计变更与签证审查;对结算分部分项工程及单价措施项目的清单计价审查;对材料用量及价差的调整审查等。

对于建设项目竣工结算审计的内容,应注意以下几点要求:

①审查建设项目施工合同内容的有效性、真实性、完整性。

②审查由总承包人分包的建设项目结算中的内容与总承包合同主要条款是否相符。

③检查分项工程计价套项是否准确,工程量录入及单价、总价是否准确,工程量计算是否符合相关计算规则,有无重计、多计、漏算及计算错误。若工程造价咨询人员审核承包方编制的结算文件时发现与设计图纸不符,有权要求对方进行补充与完善。

④建设项目结算审计文件应以书面形式呈现。结算文件的编制、校对、审核人员应由不同人员担任。

7.3 建设项目竣工决算审计

建设项目竣工决算是建设单位对整体建设项目从筹建开始到竣工投产的全部费用的经济文件,是竣工验收报告的重要组成部分。竣工决算既能准确反映整个建设项目产生的建设费用和投资成果,又能分析评判竣工决算与预算、概算的指标对比,为建设项目提供重要的技术经济资料,从而提高未来类似项目的投资效益。

7.3.1 建设项目竣工决算审计的依据

建设项目竣工决算是办理交付使用资产的依据,是考核和分析投资效果的重要资料。因此,竣工决算是建设项目审计的重要环节,竣工决算审计的依据详见表7.1。

表7.1 建设项目竣工决算审计的依据

建设项目竣工决算审计的材料	建设项目竣工报告和建设验收单
	施工合同和相关规定
	经审批的施工图预算
	经审批的补充修正预算
	预算外费用现场签证
	有关定额、费用调整的补充项目
	材料、设备和其他各项费用的调整依据
	建设单位、施工单位合签的图纸会审记录
	隐蔽工程检查验收记录
	建设、设计单位修改或变更设计的通知单

7.3.2 建设项目竣工决算审计的主要内容

建设项目竣工决算审计的主要内容如下：

①所编制的竣工决算是否符合建设项目实施程序审计；

②项目建设及概算执行情况审计；

③尾工工程与结余资金审计；

④建设项目工程投产成本情况审计；

⑤建设项目内部控制及项目管理情况审计；

⑥竣工财务决算报表审计；

⑦转出投资、需要核销投资及需要核销其他支付审计；

⑧基建收入审计。

习　题

一、单选题

以下费用不属于工程建设其他费用的是(　　　)。

A. 建设用地费　　　　　　　　　　B. 建设管理费

C. 城市基础设施配套费　　　　　　D. 预备费

二、多选题

1. 工程造价审计的目的包括(　　　)。

A. 打假　　　　　B. 制乱　　　　　C. 促效　　　　　D. 以上均不正确

2. 工程费用包括(　　　)。

A. 建设用地费　　　　　　　　　　B. 设备及工程器具购置费

C. 建筑安装工程费　　　　　　　　D. 预备费

3. 工程项目设计概算审计的主要内容包括(　　　)。

A. 审计概算编制依据　　　　　　　B. 审计概算编制深度

C. 审计设计概算的内容　　　　　　D. 概算定额

4. 工程项目设计概算书一般包括(　　　)。

A. 总概算书　　　　　　　　　　　B. 单项工程综合概算

C. 单位工程概算　　　　　　　　　D. 工程建设其他费用

5. 工程量清单计价符合国家清单计价规范要求的"四统一"，即(　　　)。

A. 统一项目编码　　　　　　　　　B. 统一项目名称

C. 统一计量单位　　　　　　　　　D. 统一工程量计算规则

6. 对清单的准确性、完整性的审核重点是(　　　)。

A. 审核工程量清单项目划分的合理性

B. 审核工程量清单项目的特征描述的合理性

C. 审核清单工程量的计算

D. 审核工程量清单中特殊项目工程量计算规则

7. 施工图预算的费用的审核重点是(　　　)。

A. 审核工程总造价的计算程序是否正确

B. 审核措施项目和其他项目费用的取费是否合理

C. 审核各项规费取费是否符合规定

D. 审核各项数据计算是否准确

8. 工程项目竣工结算审计的主要内容包括(　　)。

A. 审查工程合同及履行情况　　　　　　B. 审查经济指标

C. 审查工程量　　　　　　　　　　　　D. 审查工程变更与现场签证

9. 工程变更与现场签证审查的主要内容包括(　　)。

A. 审查工程变更与签证内容的真实有效性

B. 审查变更与现场签证的准确性

C. 审查工程变更项目单价与费用

D. 审查工程变更的合理性

10. 材料与设备竣工结算审查的主要内容包括(　　)。

A. 审查主要材料消耗量数据是否准确

B. 审查材料价格的真实性

C. 审查材料代用和变更是否合理

D. 审查甲供材料及设备的消耗是否准确

11. 工程项目概算审计方法主要包括(　　)。

A. 对比分析法　　　　　　　　　　　　B. 查询核实法

C. 联合会审法　　　　　　　　　　　　D. 现场踏勘法

12. 工程项目竣工结算中对工程量的审核包括(　　)。

A. 投标时的清单工程量　　　　　　　　B. 支付进度款时的工程量

C. 原合同范围内的工程量　　　　　　　D. 原合同范围外的工程量

13. 工程项目竣工结算审计方法包括(　　)。

A. 全面审计法　　　B. 观察法　　　C. 重点审计法　　　D. 现场检查法

14. 竣工决算审计的工程项目必须具备的条件是(　　)

A. 完成初步验收　　　　　　　　　　　B. 已经编制出竣工决算

C. 已经提交竣工验收资料　　　　　　　D. 已经交房

三、判断题

1. 为保证有效控制投资,应保证设计概算不得突破批准的投资估算。　　　　(　　)

2. 固定资产投资就是建设投资。　　　　　　　　　　　　　　　　　　　(　　)

3. 为了保证造价审计结果的有效性,审计人员应在签订工程施工合同之前审计施工图预算。　　　　　　　　　　　　　　　　　　　　　　　　　　　　　　　　　(　　)

4. 对于采用工程量清单计价的项目,竣工结算时,原合同范围内的工程量应按实计取。　　　　　　　　　　　　　　　　　　　　　　　　　　　　　　　　　　　(　　)

5. 按照国家有关规定,设计概算不应该突破投资估算的10%以上。　　　　(　　)

6. 竣工决算是由建设单位编制的。　　　　　　　　　　　　　　　　　　(　　)

7. 竣工结算是由施工单位编制的。　　　　　　　　　　　　　　　　　　(　　)

8. 因分部分项工程量清单漏项的工程变更,引起的措施项目发生变化的,可以核增该部分费用。　　　　　　　　　　　　　　　　　　　　　　　　　　　　　　　　(　　)

9.竣工结算的计算口径与设计概算的计算口径一致。　　　　　　　　（　　）

四、简答题

1.简述开展工程项目竣工结算审计所需的资料。

2.如何看待建设单位要求与施工方之间的工程结算款的支付以政府审计机关的审计结论为准的问题？这个要求是否合理有效？

第8章

QUANGUOCHENG GONGCHENG ZAOJIA SHENJI

全过程工程造价审计

目前,建设项目具有投资大、建设周期长、综合性强等特点,在建设过程中涉及多方的经济利益,一旦出现投资失控现象,将会产生严重后果。因此,建设项目审计必不可少。以往的审计侧重于事后结算审计,不重视建设项目前期的预算阶段,已不再适用于当前经济的发展。为了顺应经济发展的方向,建设项目的造价审计逐渐转变成全过程工程造价审计。

8.1　全过程工程造价审计概述

全过程工程造价审计是贯穿于项目建设全过程的审计,即针对建设项目决策阶段、项目设计阶段、项目施工阶段、竣工结算阶段进行相关审计。对建设项目所有阶段实施全过程、动态的控制能够有效控制项目的工程造价,及时调整项目建设过程中发生的偏差,取得投资效益最大化。

8.1.1　全过程工程造价审计的组成结构及主要内容

全过程工程造价审计针对建设项目从前期决策阶段(立项、可行性研究)、设计阶段、实施阶段(招投标、施工)到竣工结算阶段的工程造价进行全过程监督和审查,并提供有关造价方面的咨询意见。全过程工程造价审计的组成结构及主要内容详见表8.1。

表8.1　全过程工程造价审计组成结构及主要内容

全过程工程造价审计组成结构	主要内容
投资估算审计	在拟建项目编制项目建议书、可行性研究报告中占重要组成部分,是项目决策的重要依据之一
设计概算审计	确定概算编制是否严格执行规定;设计总概算是否可控;审查概算造价编制的真实性、准确性、合法性;检查是否存在虚列项目、套取资金、弄虚作假、高估冒算的行为
预算审计	确定建设项目预算的真实性、正确性、合规性、完整性

续表

全过程工程造价审计组成结构	主要内容
招投标审计	确定招投标环节内部控制及风险管理的适当性、合法性和有效性；确定招标资料依据的充分性和可靠性；确定招投标程序的真实性、合法性和公正性等
施工阶段的造价审计	跟踪审核施工过程中的实际进度与计划进度的偏差，分析由此引起的对工期及工程造价的影响
竣工结算阶段的造价审计	确定建设项目竣工结算的真实性、合法性、正确性以及资料的有效性

8.1.2　全过程工程造价审计与传统审计模式的区别与优势

　　全过程工程造价审计是一个综合的系统工作，它突破了传统意义上基本建设程序中某一阶段的造价咨询业务，将各阶段造价咨询业务整合在一起，可以发挥造价咨询的整体优势。

　　全过程造价审计重视过程中的造价控制，实现真正意义上合理控制工程投资，目的是为委托方提供一系列投资控制方案，从根本上为委托方控制好工程造价。它是一个动态的管理过程。实践证明，以往任何一种造价审计模式均难以替代全过程造价审计所发挥的作用[23]。全过程工程造价审计与传统审计模式的区别与优势分析详见表8.2。

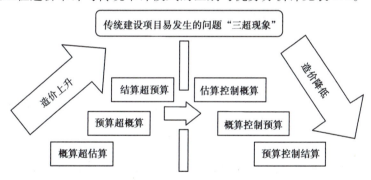

图8.1　全过程跟踪审计与施工结算审计比较图
表8.2　全过程工程造价审计与传统审计模式的对比

全过程工程造价审计模式	传统审计模式
具有整体性，突破了传统意义上基本建设程序中某一阶段的造价审计，发挥造价咨询的整体优势，是一个动态的管理过程	分阶段审计，无整体性，使得建设项目过程中信息连贯性低，是一个静态的管理过程
全程掌控信息，杜绝信息不对称问题，且有助于缩短政府投资项目决算审核的工作周期	信息费用较多，由于一项工程从前至后经历诸多阶段，如项目决策、设计、招标、施工和竣工等，各阶段存在信息不对称，而各阶段造价结果相互之间又有紧密联系

续表

全过程工程造价审计模式	传统审计模式
与既有的造价咨询业务形成"互相补充、互相制约、互相监督"的机制,也为各级监督部门提供真实可靠的数据支持,对整个造价业务的良性发展起到了积极作用	具有较强独立性,信息数据难以与其他相关业务融合,难以为监督部门提供真实可靠的数据,对整个造价业务的良性发展起到阻碍作用

8.2　建设项目投资估算审计

8.2.1　建设项目投资估算审计依据

建设项目投资估算审计的依据如下:

①建设标准和技术、设备、工程方案。

②专门机构发布的建设工程造价费用构成、估算指标、计算方法,以及其他有关法规政策。

③专门机构发布的工程建设其他费用计算办法和费用标准,以及政府部门发布的物价指数。

④拟建项目各单项工程的建设内容及工程量。

⑤资金来源与建设工期。

8.2.2　建设项目投资估算审计方法

1)建设投资的构成

根据我国现行项目投资管理规定,建设投资由建筑工程费、设备及工器具购置费、安装工程费、工程建设其他费用、基本预备费及涨价预备费构成。建设投资可根据项目前期研究的不同阶段,对投资估算精度的要求及相关规定选用估算方法。

(1)工程费用

工程费用是指直接构成固定资产实体(即工程实体)的各种费用,由建筑工程费、设备及工器具购置费、安装工程费三项费用构成。

(2)工程建设其他费用

工程建设其他费用是从工程筹建起到工程竣工验收交付使用为止的整个建设期间,除了上述的建筑安装工程费用和设备与工器具购置费以外的,为保证工程建设顺利完成和交付使用后能正常发挥效用而发生的各项费用总和[22]。

(3)预备费

预备费是为保证项目建设顺利实施,避免在难以预料的情况下造成投资不足而预先安排的费用,包括基本预备费和涨价预备费。基本预备费是项目在可行性研究和初步设计阶段难以预料的支出,并需要事先预留的费用,主要是由于自然灾害造成的损失及设计变更或施工过程中工程量增加所发生的工程费用。涨价预备费是对建设工期较长的建设项目，在建设期内可能发生的人工、材料、设备、施工机械等价格上涨，以及费率、利率、汇率等变化而引起项目投资的增加，需要事先预留的费用[23]。

2）建设期借款利息的构成与估算

建设期贷款利息是指项目投资的借款在建设期内发生并计入固定资产投资的借款利息。估算建设期利息应根据不同情况选择名义利率和有效年利率，一般包括银行借款和其他债务资金利息，以及其他融资费用。

其他融资费用是指某些债务融资中发生的手续费、承诺费、管理费、信贷保险费等融资费用，一般情况下应将其单独计算并计入建设期利息。在项目前期研究的初期阶段，也可做粗略估算并计入建设投资。对于不涉及国外贷款的项目，在可行性研究阶段，也可做粗略估算并计入建设投资[23]。

8.3　建设项目概算审计

8.3.1　建设项目概算审计依据

建设项目概算审计的依据如下：
①经批准的可行性研究报告。
②投资估算文件。
③初步设计或扩大初步设计图纸和说明书。
④概算定额、概算指标。
⑤设备价格资料。
⑥地区材料价格、工资标准。
⑦有关取费标准和费用定额。
⑧设计概算书。

8.3.2　建设项目概算审计方法

1）对比分析法

通过对比，容易发现设计概算中存在的偏差及主要问题。对比分析法是概算审查中应用比较多的一种方法。

2）查询核实法

查询核实法是对一些难以核价的设备和设施进行多方查询核对、逐项落实的方法。

3）联合会审法

联合会审法是先由各单位分头审查，然后集中共同研究定案；或者组织有关部门，建立专门的审查班子,按照审查人员的业务专长,将拟审概算分成几个部分,分头审查,最后集中起来讨论定案。

8.3.3 建设项目概算审计注意事项

建设项目概算审计注意事项如下:
①概算审计人员平时要注意对各类工程项目技术经济指标的积累。
②审计人员要注意审查依据和资料的更新。
③审计应针对工程特征确定审计重点。
④注意审计方法的选择。

8.4 建设项目预算审计

8.4.1 建设项目预算审计依据

1)工程量清单审计依据

工程量清单审计的主要依据如下:
①《建设工程工程量清单计价规范》。
②招标文件。
③经审批的施工图纸及设计说明书。
④有关的工程施工规范与工程验收规范。
⑤施工现场和周边环境及施工条件。
⑥本工程的工程量清单。

2)施工图预算(招标控制价及投标报价)审计依据

施工图预算(招标控制价及投标报价)的审计依据如下:
①工程招标文件与工程量清单。
②施工图纸及设计说明书。
③由主管部门颁发的并适用于本地区的现行计价定额。
④施工组织设计或施工方案。
⑤与工程项目相关的标准、规范、技术资料。
⑥工程造价管理机构发布的工程造价信息及市场行情。
⑦费用定额及各项取费标准。
⑧本工程的预算造价文件。

8.4.2 建设项目预算审计方法

1)全面审计法

该方法适用工程量较小、工艺比较简单且审计时间充裕的工程,或是在预算编制质量差、发现错漏较多的情况下使用。

2）分组计算审计法

该方法即把预算中有关项目按类别划分成若干组，利用同组中的一组数据审查分项工程量的一种方法。

3）对比审计法

对比审计法具体包括以下几点内容：
①相同或近似工程的对比分析法。
②每平方米造价对比分析法。
③费用对比分析法。
④分部工程和分项工程对比分析法。
⑤工、料、机消耗指标的对比分析法。

4）重点审计法

该方法抓住工程造价中的重点进行审计，即以工程量大或造价较高、工程结构复杂的工程，监理工程师签证的变更工程，基础隐蔽工程，采用新工艺、新材料的工程，甲乙双方自行协商增加的工程项目为重点。

8.5　建设项目招投标审计

8.5.1　建设项目招投标审计依据

建设项目招投标审计的主要依据如下：
①我国建设工程项目招投标的法律法规。
②单位内部招标管理制度。
③《第 3201 号内部审计实务——建设项目审计》。
④招投标程序中各项文件资料，主要有投标书、报价书（包括必要的文字说明）、技术标准、企业情况、投标保证金、法定代表人资格证明、授权委托书等。

8.5.2　建设项目招投标审计方法

建设项目招投标审计的常用方法如下：
（1）观察法
通过参与招投标标前会议（如招标需求会等），明确建设单位招标需求和招标范围，对招标文件的说明部分进行复核。
（2）询问法
对招标控制价中的需要市场询价部分，通过对招标文件编制人的询问和相关行业企业的征询，了解询价途径和计价组成，核实价格合理性；询问招标控制价编制人对暂估价工程的设置思路和建设单位建设进度及招标安排,判断合理性。

（3）分析性复核法

分析性复核法主要用于对工程标底或招标控制价、投标人的投标报价等工程造价文件中的重要比率进行分析,确定是否存在可能影响工程造价准确性的异常情况,以确定重点审计领域。

（4）文字说明法

文字说明法是指完全用文字说明形式来调查、记录被审计对象具体情况的方法。

（5）现场核查法

现场核查法即通过对待审计对象的现场观察手段来核实资料记录的真实性和准确性,在招标投标审计中可用于对工程项目工程量的核查。

8.5.3　建设项目招标工作审计注意事项

建设项目招标工作审计需注意以下几点事项:

（1）控制成本

近年来,通过审计发现,建设单位公布的招标控制价常常存在过高或过低的现象。招标控制价编制过高,便为私设"小金库"、套取国家资金创造了条件;编制过低,会吓退部分竞标者,而让与其存在某种利益关系的单位中标,然后再通过设计变更、现场签证等方式对中标单位予以补偿,以达到违规串标的目的。

对工程招标控制价进行审计监督,就是要保证其编制合理,降低政府投资风险,节约财政资金,有效预防、揭示和抵御建设领域的违纪违规问题,充分发挥审计的"免疫系统"功能。

（2）降低审计风险

传统的工程项目审计以事后监督为主,对已经发生的问题可以说是力不从心。合同一经签订,签约双方是平等民事法律主体,合同约定内容受《中华人民共和国民法典》合同编保护,任何人不得改变。在现有的法律范围内,审计机关的审计结果不能作为司法裁判的依据,而只能作为司法参考。

招标控制价审计工作是在项目招标或者合同签订前进行的审计程序,是一种事前的行政监督管理行为,对政府投资项目预算中存在的造价水分问题通过审计予以挤出,从而理顺投资审计法律关系,降低了审计诉讼风险。

（3）有利于独立客观

与工程结算审计这种事后审计不同,招标控制价审计属于事前审计。审计机关根据设计图纸等资料,按照国家规定的定额和当地材料价格信息,对招标控制价进行审计。由于没有进行项目招标,不针对具体利益对象,因此审计中大大减少了各种干扰,从而使审计的独立性更强,审计结果的客观公正性也更强。

（4）提高工作效率

通过对工程项目招标控制价及后续的跟踪审计,审计人员对造价变化形成过程情况更加熟悉,为项目竣工结算审计打下基础,减少结算审计工作的难度和工作量,提高审计工作效率。

8.6 建设项目施工阶段审计

施工阶段的审计主要围绕建设项目的质量、进度、成本这 3 大方面开展。

8.6.1 建设项目施工阶段审计依据

建设项目施工阶段审计的主要依据如下：

①国务院建设行政主管部门以及各省、自治区、直辖市和有关部门发布的工程造价计价标准、计价办法、有关规定及相关解释。

②《建设工程工程量清单计价标准》等计量计价标准。

③省、自治区、直辖市和有关部门发布的价格信息和调价文件等。

8.6.2 建设项目施工阶段审计方法

（1）对建设单位草拟的施工合同文本进行审核并提出修改意见

施工合同非常重要，只有对合同中涉及的项目各个方面有明确、全面的约定，才能对后面的每项经济活动提供法律依据，才能减少纠纷，降低风险，有效地控制造价。

施工合同中主要对施工合同的工程范围，即承包人应建设完成的工程量、工期、质量标准、合同双方权利义务的规定，以及涉及工程合同价款约定调整的相关规定进行审查，并出具审核意见。

另外，在合同审计过程中实行工程量清单计价模式进行招标的工程一般应采用单价合同，必须在招标文件、合同中明确计价中的风险内容及其范围。合同文本审核是事前控制的重要内容，起着提前防范的作用。审计人员必须充分熟悉和理解合同条款，严格审查承包商的索赔要求，利用合同条款及时解决经济纠纷，控制造价成本[24]。

（2）熟悉施工现场，把隐蔽工程和工程变更项目作为重点审计对象

隐蔽工程通常很难发现问题，它往往是产生工程质量隐患及引起纠纷的主要对象。对隐蔽工程的重要部位要先拟订审核流程，执行过程中要审查隐蔽工程发生的时间及真实性，必要时可进行照相机、摄像机影像资料记录。另外，对隐蔽工程签证的内容及工程量计算的完整性、准确性也要进行重点审查。

施工阶段会有很多变更，直接影响预算造价的变动，也是造价控制的重点。因此，要严格审核变更的时效性、真实性，变更工程量的计算、套价、计算规则运用是否合理，重大变更内容是否进行经济、技术论证，施工单位是否有拆分、化整为零等情况。

隐蔽工程及工程变更跟踪审计是审计人员事中监督审查的重要环节，审查过程中的审核意见、确认单等可以使信息及时反馈，偏差得到有效纠正，最大限度地减少损失，使投资资金发挥更大的经济效益和社会效益。

（3）对主要材料、设备采购进行审计并提出修改意见

众所周知，材料、设备费占建设项目直接工程费的 70% 左右，材料价格变动直接影响工程造价。因此，加强材料和设备采购审计，降低材料成本是控制投资的关键。工程材料采购计划是采购的基础，因此要审查采购计划的编制依据、编制内容及所拟订的采购地点、采购

程序是否合理,以保证材料能按时送到工地。

在执行过程中,材料采购要采用公开招标的方式。只有竞争才能选到性价比高的产品,这使得建设单位必须先了解产品的规格、性能、价格,再编制招标文件。招标文件是供应商投标和招标方评标的依据,更是签订合同的依据,所以审计人员要审核招标文件的技术规格、付款方式以及服务内容是否完整、合理。

签订合同后审计人员要随时掌握供应商的供货质量和到货情况,对货物的验收、入库、保管、领用制度的执行进行监督,也要审查合同预付款是否超过国家的相关规定、支付方式是否与合同规定一致。如果在材料采购、使用、验收过程中不能及时发现问题,在工程结算调整材料价差时才发现问题,这时工程价款已经支付,材料接收单是施工方签收的,而供应商只负责清点数量,不考虑价格,就会造成巨大的、无法弥补的经济损失。

(4)根据工程形象进度审计工程进度款

工程进度款的支付首先由施工单位提交支付申请,监理单位进行审核,提交审核意见给审计单位,审计单位审核并出具审核意见交建设单位进行支付。

在此过程中,审计单位根据实际发生的工作量审查合同约定的预付款的扣回是否按要求执行;审查计量与计价方式是否与合同一致;审查投资比较大、计算方法比较复杂的分部分项工程的工程量;审核清单、定额编码、项目特征、单位及基价等内容,有无项目特征与招标文件不一致及高套、错套、重复套定额的现象。

审查工程合同价款的调整包括现场签证、工程变更、工程索赔的合法性和真实性。在选择审计单位时,不仅要注重审计单位的资质、实力,更要考虑审计人员的实践经验和业务能力,因为跟踪审计队伍的水平差异所带来的潜在经济效益与审计费相比要大得多。

(5)资料收集及时完整

在审计过程中有收发文记录、项目验收记录、例会记录、审核意见、材料价格确认单、阶段性报告、图表等资料,应随着工程进展及审计意见的出具及时进行收集,以实现资料的真实性、可追溯性,为建设新项目积累宝贵信息。

通过具有计划、实施、检查、处置的跟踪审计模式,审计工作进一步规范化、制度化、科学化,进而达到规范跟踪审计行为,指导审计实践活动的目的。工程跟踪审计已越来越得到国家相关部门、行业的重视和肯定,尤其对政府投资项目的成本控制效果明显,跟踪审计作为服务模式应加以研究并推广[24]。

8.7 建设项目竣工结算审计

8.7.1 建设项目竣工结算审计依据

建设项目竣工结算审计的主要依据如下:

①工程竣工报告和工程验收单。
②工程施工合同和有关规定。
③经审批的施工图预算。
④经审批的补充修正预算。
⑤预算外费用现场签证。

⑥材料、设备和其他各项费用的调整依据。

⑦有关定额、费用调整的补充项目。

⑧建设、设计单位修改或变更设计的通知单。

⑨建设单位、施工单位合签的图纸会审记录。

⑩隐蔽工程检查验收记录。

8.7.2 建设项目竣工结算审计方法

建设项目竣工结算审计的两种主要方法如图8.2所示。

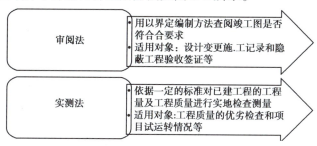

图8.2 建设项目竣工结算审计两种主要方法

习 题

一、单选题

1. 建设单位与承包商之间基于工程承包合同产生( )。

A. 监督法律关系　　B. 行政法律关系　　C. 民事法律关系　　D. 以上均不正确

2. 以下不归属于总投资中的工程费用的是( )。

A. 建设用地费　　　　　　　　B. 建筑工程费

C. 安装工程费　　　　　　　　D. 设备及工器具购置费

3. 建设投资包括( )。

A. 建设期利息　　　　　　　　B. 工程费用

C. 工程建设其他费用　　　　　　D. 预备费

4. 审计人员在货物存放现场逐一清点数量或用计量仪器确定其实存数,查明账存数与实存数是否相符的审计方法是( )。

A. 现场核查法　　B. 观察法　　　　C. 询问法　　　　D. 文字说明法

5. 项目主管部门审批项目建议书的依据之一是( )。

A. 投资估算　　B. 设计概算　　C. 施工图预算　　D. 竣工结算

6. 涉及零星用工量的发承包双方签署的确认证明的是( )。

A. 现场签证　　B. 索赔通知单　　C. 工程变更单　　D. 材料领用单

7. 以下不属于某地施工图预算的审计依据的是( )。

A. 工程招标文件与工程量清单　　　B. 施工图纸及设计说明书

C. 概算指标　　　　　　　　　　D. 施工组织设计或施工方案。

8. 对一些难以核价的设备或装置一般采用( )进行审计。

A.对比分析法　　　　B.查询核实法　　　　C.联合会审法　　　　D.全面审核法

二、多选题

1.工程量清单审计的依据包括(　　)。

A.建设工程工程量清单计价规范　　　　B.招标文件

C.经审批的施工图纸及设计说明书　　　　D.本工程的工程量清单

2.工程量清单的审计内容包括(　　)。

A.审核实行清单计价工程的合规性

B.检查工程实体消耗和措施消耗的清单的准确性、完整性

C.审核其他项目清单

D.审核规费项目清单

3.施工图预算的审计内容包括(　　)。

A.审核工程量　　　　　　　　　　B.审核定额的套用

C.审核工料分析　　　　　　　　　　D.审核人工、材料、机械台班的价格

4.工程项目竣工结算的目标包括(　　)。

A.确定竣工结算的真实性　　　　　　B.确定竣工结算资料的有效性

C.确定竣工结算的合法性　　　　　　D.确定竣工结算的正确性

5.招标控制价的审计依据主要包括(　　)。

A.施工图纸及设计说明书

B.由主管部门颁发的并适用于本地区的现行计价定额

C.施工组织设计或施工方案

D.工程造价管理机构发布的工程造价信息及市场行情

6.预备费包括(　　)。

A.基本预备费　　　B.价差预备费　　　C.暂列预备费　　　D.暂列金额

7.审计设计概算书主要包括审计(　　)。

A.项目总概算书　　　　　　　　　　B.单项工程综合概算和单位工程概算

C.设备及工器具投资概算　　　　　　D.工程建设其他费用

8.工程项目竣工结算的依据包括(　　)。

A.工程合同文件及补充协议、投标文件等资料

B.工程竣工图纸

C.工程变更、索赔、现场签证事项及价款

D.竣工结算文件

三、判断题

1.建设期贷款在编制投资估算时,其在建设期内只计息不还款。　　　　　　(　　)

2.所有的建设项目均需考虑流动资金。　　　　　　　　　　　　　　　　(　　)

3.工程项目概算审计的目标包括确定设计总概算是否控制在工程项目计划投资额内。

(　　)

4.对采用工程量清单招标的项目,应在招标文件发放之前审计工程量清单与招标控制价。　　　　　　　　　　　　　　　　　　　　　　　　　　　　　　　　(　　)

5.现场签证是工程项目竣工结算的依据。　　　　　　　　　　　　　　　(　　)

6.不管签证事件的责任方是谁,都属于合同允许调整的费用范围。　　　　　(　　)

7. 建设项目决策阶段的工作包括项目建议书编制、可行性研究报告编制、技术设计编制等。 （　　）

8. 工程保险费属于建安工程费用的一部分。 （　　）

9. 概算审计人员平时要注重对各类工程项目技术经济指标的积累。 （　　）

10. 审查概算编制深度仅审查各级概算的编制是否达到了规定的编制深度。 （　　）

11. 施工现场及施工条件是审计工程量清单时应考虑的因素。 （　　）

12. 工程量清单项目五要素中最重要的要素是工程量。 （　　）

13. 工程量清单项目划分要求项目之间界限清楚,项目作业内容、工艺和质量标准清楚。 （　　）

14. 建设期贷款利息可以形成固定资产。 （　　）

15. 建设项目前期决策程序的合规性是本阶段审计工作的首要内容。 （　　）

16. 建设项目总投资的计算口径与施工图预算的计算口径一致。 （　　）

17. 对于一般大中型项目的设计概算,应有完整的编制说明和三级概算。 （　　）

四、简答题

1. 简述进口设备的抵岸价的组成。

2. 简述建设管理费的组成。

3. 简述审计概算编制依据的工作步骤。

4. 简述如何运用对比审计法审查施工图预算。

5. 讨论什么类型的工程项目适用于全面审计。

第9章

建设项目审计文书的编写

审计文书是审计人员在审计过程中发表意见、做出评价和提出建议的一种书面文书。编写审计文书能让审计工作更加有条不紊地进行,同时可以明确各方工作责任,规避审计风险。审计文书的编写是审计过程中一项极为重要的工作。

9.1 审计文书

9.1.1 审计文书的概念

审计文书是国家审计机关或者单位内部审计部门的审计人员在审计工作中,依照规定的程序和手续,因审计工作的需要而制作的并经领导统一签发的各类文书的总称。审计文书是审计工作的记录本和文字凭证,离开了审计文书,审计工作难以继续进行。审计文书不仅是记录和报告审计情况,发布审计结论,处理审计事务,传送他人审计意见的桥梁,也是审计作用和审计职权的集中体现。

9.1.2 审计文书的工作程序

建设项目规模较大,建设周期长,项目参与方多,涉及的审计对象较广,审计人员专业性要求比较高。因此,在进行建设项目审计时,应当根据不同的对象、目标、专业技术要求等情况,分别制订相应的审计工作程序[1],如图 9.1 所示。

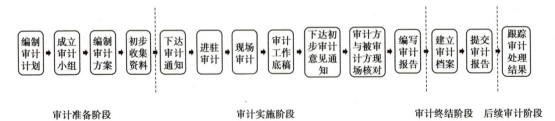

图 9.1　审计工作程序

9.1.3 审计文书的特征

1）合法性

依法审计是审计监督的基本原则。因此，各类审计文书的制作、做出的结论和处理结果都要认真贯彻党和国家的基本方针政策，维护国家和人民群众的根本利益，不能假公济私，滥用职权，不能带个人感情色彩地做出评判。

2）权威性

有些审计文书是以文件形式制发的，具有法律效力，如审计结论和处理决定一经形成、生效，就要求有关单位和人员必须认真对待和执行。如果有不同意见的，可以按规定程序提出复议。有些审计文书不以正式文件的形式发出，而是作为制发文件的依据或记录审计过程的证明，如审计通知书、审计工作底稿等，这些文书同样具有以文件形式发出的审计文书等效的作用。

3）保密性

审计文书特别是审计业务文书，大多数涉及单位经济问题或者是某个内部处理，因此有些文件需要在一定的期限或一定的范围内予以保密。除此之外，一般情况下审计文书都不是普发性的，绝大多数是只发给一个或几个收文单位。

9.1.4 审计文书编写注意事项

审计文书是审计机关依法行政、履行审计监督义务的主要载体。高质量的审计文书，不仅可以真实地反映审计工作情况，也容易引起相关领导的重视，使其成为政府进行决策的重要依据，从而充分发挥审计文书的作用。

因此，为了保证审计文书的质量，审计过程写作要做到文件的主题与材料能够相统一，符合国家法律、法规及其他有关规定；公文内容情况属实、结构合理、层次清楚、重点突出、观点明确、表述准确、字词规范、标点正确、篇幅简短；公文中无错字、别字、漏字、多字，人名、地名、数字、引文准确。

在日常公文写作中容易产生以下几个方面的问题[25]：

（1）正文内容

正文内容层次太多、比较烦琐。

（2）语言表述

语言表述不够通俗易懂，使用专业语言过多，非专业人士难以理解。

（3）文章结构层次序数

常见错误："（一）"和"（1）"等序数后使用顿号；"1."没有使用齐线墨点，而是用顿号，写为"1、"。

正确用法：结构层次序数第一层为"一、"，第二层为"（一）"，第三层为"1."第四层为"（1）"。

（4）引文末尾的标点符号

常见错误：保留引用法律、法规、规章、规范性文件内容末尾的句号或分号。标点符号分为标号和点号，句号、分号为点号。使用引号时，若引文不独立，引用的话只作为作者自己的话的一部分时，不管它是不是完整，后引号前都不能有点号（问号、叹号除外）。

正确用法：审计文书所引用的法规内容不独立，从句子成分来说只是句中的一个定语成分，因此原来引文中末尾的句号、分号等点号要省略。

（5）金额单位

常见错误：数、量词等使用不规范，在同一审计业务文书中，"万元"和"元"混用。

正确用法：在同一审计业务文书中，金额单位应尽量统一。同时数字在报告中不能运用分节号。

（6）金额小数点保留位

常见错误：有角无分的金额，在小数点后只保留一位，如壹佰捌拾叁元玖角写为"183.9元"；无角分的金额，在整数后加".00"，如叁仟柒佰捌拾肆元写为"3784.00 元"。

正确用法：当金额有角无分时，分位应当写"0"，如写为"183.90 元"的形式；当金额无角分时，不加".00"，写为"3784 元"的形式。

（7）审计报告人称

审计报告中单位的名称（包括被审计单位名称）应使用全称或标准简称。没有标准简称的，第一次称呼应使用全称，其后如需使用简称，应在第一次使用全称后标注"（以下简称'××××'）"。

（8）"账"与"帐"

常见错误：使用"帐"。

正确用法：使用"账"。

（9）引用法律、法规、规章、规范性文件发文字号及条款

常见错误：引用规章和规范性文件时，未列明发文字号。

正确用法：在引用法律、行政法规、地方性法规时，一般可不写发文号，如表述为"违反了《中华人民共和国会计法》第二十三条""根据《财政违法行为处罚处分条例》第十七条"等；在引用部门规章、地方性规章和规范性文件时，应列明发文号，必须注明法律法规的条款，部分生僻的法规还必须将法规具体条款内容引入，如表述为"违反了《行政单位财务规则》（中华人民共和国财政部令第 71 号）第十一条"；引用文中的年限要注意"〔〕"与"［］"的区别，要正确使用"〔〕"。

（10）标点符号错误

标序号时："第一""其次"后面，用顿号；"一""二"后面用逗号。正确的做法是"第一""其次"后面用逗号；"一""二"后面用顿号；"1""2"后面用点"."。序号如加括号，后面不加逗号、顿号。还有"从多少到多少"的写法，"30%到 40%"不能写作"30 到 40%"或者"30% － －40%"；"10 万～15 万"不能写作"10～15 万"。

9.2 审计文书编写

9.2.1 审计方案编写

1) 审计方案的概念

审计方案是对具体审计项目的审计流程、金额以及时间等所做出的详细安排。这是保证审计工作顺利进行的前提,也是检查审计工作质量、进度的依据。

审计方案由审计部门编制,由审计项目负责人负责。审计方案编写完后需上报领导批准,并下达到具体执行审计任务的下级审计部门或者审计组。

2) 审计方案的编写内容

中华人民共和国审计署令第6号《审计机关审计项目质量控制办法(试行)》第六条规定:"审计机关和审计组在实施审计前,应当编制审计工作方案和审计实施方案。"

审计工作方案是审计机构为了统一组织各个审计组对具体的审计项目实施审计而制订的总体工作计划。

审计实施方案是审计机构为了完成项目审计工作而对审计的全过程的工作安排。审计方案的编写内容如图9.2所示。

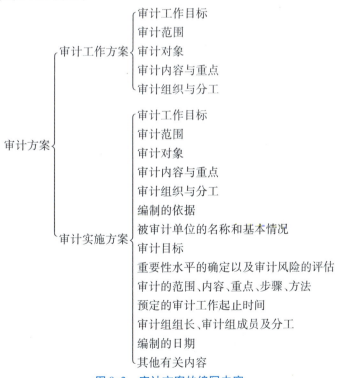

图9.2 审计方案的编写内容

9.2.2 审计通知书编写

1)审计通知书的概念

审计通知书是指审计机构在开展审计工作之前,按照审计工作方案,通知被审计单位或个人接受审计的书面文件。

2)审计通知书的编写内容

审计通知书的编写内容如图9.3所示。

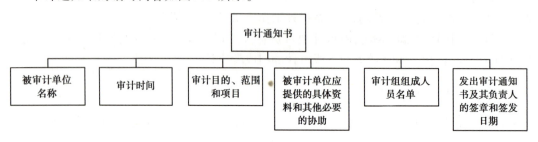

图9.3 审计通知书的编写内容

9.2.3 审计工作底稿编写

1)审计工作底稿的概念

审计工作底稿是审计人员在审计过程中形成的、记录的审计内容和获取的审计证据。

2)审计工作底稿的作用

①为审计报告的形成提供依据。
②为评价审计工作质量提供根据。
③检验审计机构及人员是否遵循审计准则。
④为后续的审计工作提供参考。
⑤提高审计人员的专业素质。

3)审计工作底稿的编写内容

①被审计单位名称。
②审计事项。
③审计期间或者截止日期。
④审计人员及编制日期。
⑤审计结论或者审计查出问题摘要及其依据。
⑥复核人员、复核意见及复核日期。
⑦索引号及页次。
⑧附件。

4）审计工作底稿的内容

审计工作底稿一般包括总体审计策略、具体审计工作计划、审前调查计划表、审计发现记录表、审计发现汇总表、询证函回函、管理层声明书、核对表、审计资料清单，以及与被审计单位交换意见表等。

5）编制审计工作底稿的要点

①规范审计工作底稿。
②审计工作底稿应完备化。
③审计工作底稿要简明清晰、合理有序。
④注意审计工作底稿之间的关联性。
⑤审计工作底稿要繁简得当。
⑥审计问题定性要准确。

9.2.4 审计报告编写

1）审计报告的概念

审计报告是审计组或审计部门在审计工作结束后，将审计任务完成情况和审计结果向审计机构、委托者或有关部门提交的书面文件。审计报告记录了审计人员审计过程的情况和发表的审计意见，撰写审计报告是审计工作的最终结果，是审计编写过程中极为重要的一个环节。

2）审计报告的作用

①全面地论述审计过程和结果。
②表达审计人员的审计意见和建议。
③是审计机构做出审计决定的依据。
④可以起到公证或鉴证的作用。
⑤有利于被审单位纠错。
⑥是评价审计质量、审计人员工作业绩的依据。

3）审计报告的主要内容

（1）审计概况
审计概况包括立项依据、项目背景、整改情况、审计目标和范围、审计重点和标准。
（2）审计依据
审计依据是审计人员在审计过程中判断被审计事项是非优劣的准绳，是提出审计意见、做出审计决定的依据。

不同类型、不同行业属性的审计项目和审计依据有所不同。审计人员根据需要选用恰当的审计依据。审计依据主要包括：

①国家制定的法律、法规、条例、政策、制度，如《中华人民共和国审计法》《国家重点建设项目管理办法》《建设项目审计处理暂行规定》《财政基本建设支出预算管理办法》等；地

方政府、上级主管部门颁发的规章制度和下达的通知、指示文件,如各地市住建部门颁布的工程量清单实施细则、计价指导意见、造价站颁布的价格指导意见等。

②被审计单位制定的内控制度、经济合同、各项指标和各项规章制度。

③项目从立项到竣工的全过程资料,如立项文件、合同、招投标文件、各阶段图纸、工程签证、竣工结算文件等。

④跟踪审计人员提供的过程资料,如地质勘查情况汇报、过程查验资料等。

（3）审计发现

审计发现是审计人员在对被审计单位进行审计工作过程中所得到的事实,一般应包括以下内容:

①所发现事实的现状;

②所发现事实应遵照的标准;

③所发现事实与预定标准的差异;

④所发现事实已经或可能造成的影响;

⑤所发现事实在目前现状下产生的原因。

4)审计报告的基本格式

①标题;

②收件;

③审计概况;

④审计依据;

⑤审计发现;

⑥审计结论;

⑦审计建议;

⑧附件;

⑨签章;

⑩报告日期。

5)审计报告编写的基本原则

①客观性;

②完整性;

③清晰性;

④实用性;

⑤建设性;

⑥重要性。

6)审计报告的编写流程

①整理分析审计工作底稿;

②拟定审计报告提纲;

③编制审计报告初稿;

④征求被审计单位意见;

⑤复核、修订审计报告并最后定稿。

编写审计报告应注意的问题如下：

①审计报告内容要全面。

②审计报告应当以第三人称书写。

③审计报告宜按以下顺序编写：审计依据；审计工作开展情况；审计承诺；会计责任和审计责任的划分；正文部分，包括被审计单位和被审计项目基本情况；审计评价；审计发现及处理决定；意见和建议。

可按如下要求和顺序逐项进行表述：第一，指出审计查出的问题；第二，对该问题进行描述；第三，对该问题进行定性；第四，该问题依法应给予处理处罚的，列出依据。

7）审计报告复核

审计机构应该建立审计报告的复核制度。由审计项目负责人负责现场全面复核，由审计机构的业务主管负责非现场重点复核，由审计机构负责人负责非现场总体复核。复核的分工由审计机构自行决定。审计报告复核主要包括形式复核和内容复核。

（1）形式复核

形式复核一般包括以下内容：

①审计项目名称是否准确，描述是否恰当。

②被审计单位的名称和地址是否可靠。

③审计日期是否准确，审计报告格式是否规范。

④审计报告收件人是否为适当的发送对象，职位、名称、地址是否正确。

⑤审计报告是否表示希望获得被审计单位的回应。

⑥审计报告是否需要目录页，目录页的位置是否恰当，页码索引是否前后一致。

⑦审计报告中的附件序号与附件的实际编号是否对应。

⑧审计报告是否征求被审计单位意见。

⑨审计报告的复核手续是否完整。

（2）内容复核

内容复核一般包括以下内容：

①背景情况的介绍是否真实，语气是否适当。

②审计范围和目标是否明确，审计范围是否受限。

③审计发现的描述是否真实，证据是否充分。

④签发人是否恰当，签发人与收件人的级别是否相称。

⑤参与审计人员的名单是否列示完整，排名是否正确。

⑥报告收件人是否恰当，有无遗漏，姓名与职位是否正确。

⑦标题的使用是否适当。

⑧审计结论的表述是否准确。

⑨审计评价的依据的引用是否适当。

⑩审计建议是否可行。

习 题

一、多选题

1. 以下属于审计方案应当包括的内容是（　　　）。

A. 编制的依据　　　　　　　　　　B. 被审计单位的名称和基本情况

C. 审计目标　　　　　　　　　　　D. 审计组成员及分工

2. 审计底稿的作用包括（　　　）。

A. 为形成审计报告提供依据

B. 为评价审计工作质量提高依据

C. 证实审计机构及人员是否遵循审计准则

D. 为以后的审计工作提供参考

3. 审计底稿的编制要求包括（　　　）。

A. 审计工作底稿要完备　　　　　　B. 审计工作底稿要简明清晰

C. 审计工作底稿要繁简得当　　　　D. 审计问题定性要准确

4. 审计报告的作用包括（　　　）。

A. 审计报告全面总结了审计过程和结果

B. 审计报告是审计机关做出审计决定的依据

C. 审计报告可以起到公证或鉴证的作用

D. 审计报告有利于被审计单位纠错防弊

5. 审计报告的内容主要包括（　　　）。

A. 审计概况　　　B. 审计依据　　　C. 审计发现　　　D. 审计结论和建议

6. 审计工作底稿的要素包括（　　　）。

A. 被审计单位名称、审计人员及编制日期　B. 审计事项

C. 审计结论　　　　　　　　　　　D. 附件

7. 审计报告的编写程序包括（　　　）。

A. 审计工作底稿的整理分析　　　　B. 编制审计报告初稿

C. 征求被审计单位意见　　　　　　D. 复核和修订审计报告

二、判断题

1. 审计方案应由审计局编制。　　　　　　　　　　　　　　　　（　　　）

2. 审计机关对建设单位的审计结论一定对施工单位产生法律效力。（　　　）

三、简答题

1. 简述编制审计通知书应当包括的基本内容。

2. 简述审计工作底稿的作用。

3. 简述编制审计工作底稿的总体要求。

4. 简述审计报告的主要内容。

5. 简述审计报告编写的基本原则。

6. 简述审计实施方案的编写要求。

7. 以某项具体的工程项目为例简述审计报告的编制重点。

第 10 章

建设项目质量审计

建设项目质量是建设工程各参与方工作质量的集中反映,它的好坏关系到投资效益能否得到充分发挥。为了使最终的建设项目质量满足用户的要求,需要对设计质量、物资和材料设备质量、施工质量、使用质量等进行全面的审查与评价。

10.1　建设项目质量审计概述

建设项目质量审计是指审计人员根据相关的法律法规,对建设项目质量的跟踪、检查、纠偏等质量管理活动的有效性进行检查和评价,督促建设单位、施工单位等各参建方加强规范管理,促进建设项目质量目标的实现。

随着社会的不断发展,政府工程也从单一的基建项目向综合、复杂、高科技的大型项目演变。政府工程投资模式也由单一的政府投资向 PPP 模式转变。随着改革的深化,经济社会的各个方面必将发生深刻变化,审计监督的对象和审计环境也将发生改变。为适应相关变化,国家审计必须对自身的制度安排和组织行为做出调整和变革,以更好地服务经济社会的健康发展。这些变化也要求审计机关和审计人员与时俱进,适应政府投资项目审计需要。质量审计的重要性也随之突显而出。

10.2　建设项目质量审计的内容

建设项目的各参建方、各环节的工作对最终形成的建设项目质量都起着决定性作用。如建设资金是否到位,设计阶段的地质勘察报告是否准确,设计的建筑功能和使用年限是否达到可行性研究报告的要求,材料及设备的配比,施工工艺的水准等都影响着建设项目的质量。

10.2.1　影响建设项目质量的因素

1)人为因素

有数据表明,75% ~90% 的质量事故是人为因素造成的。人是整个建设项目中的活动主体,在建设活动中起主导控制作用。建设项目中的决策者、设计人员、施工管理及在岗工

人等,通过发挥其主观能动性促使项目建设工作得以实施。

若没有正常监督建设项目,建设项目质量将存在失控的风险。项目开展不认真履行基本的建设程序,企业质量管理体系不健全,质量控制不严格,竣工不经验收就交付使用等,都是人的行为导致的。由此可以看出,人是建设工程项目中质量控制的主体,是质量控制的核心,应树立质量第一的观念,从源头上把好第一关[22]。

2)建筑材料、机械设备

建筑材料、机械设备是建设项目赖以支撑的物质基础。一个完整的建设项目,就是由不同的材料、设备按照已定的设计文件,由专业的操作人员遵循相关的规范和标准,利用不同的施工工艺生产出来的建筑产品。可见,建筑材料、机械设备是建设项目的基本组成元素,是项目建设的基础条件,其质量优劣、是否满足施工建设的质量要求等都必将直接影响建设项目的质量[22]。

综上,须严格检验进场的材料和设备。进入现场的建筑材料必须有产品合格证或质量保证书,并应符合我国相应的质量标准。设备应定期维修或及时更新换代,可有效降低劳动成本和提高工作效率,提高施工质量[22]。

3)施工方法

整个建设周期中所采取的技术方案、工艺方法、检测方式是否科学合理,施工组织设计是否科学合规,对建设项目的质量产生很大影响。施工方法的科学合理是建设质量的保障。科学合理的施工顺序能够在时间、空间上优化施工过程,在保证质量的情况下,尽量做到施工的连续性、紧凑性、均衡性。在编制施工方案时,对建设项目中质量影响较大的重要部位、关键部位、施工技术复杂的分部分项工程,要求作业人员对施工方法了解详细、具体,必要时须编制单独的分部分项工程的施工方案[22]。

10.2.2 建设项目质量审计对象

建设项目质量审计的对象主要是建设、勘察、施工和监理及物资供应等单位。由于建设项目质量的好坏受到这些参建方的质量管理是否规范、质量控制系统是否科学有效等的影响,对以上各审查对象开展的审查内容大致见表10.1。

表 10.1　建设项目质量审计主要内容

审查对象	主要审查内容
建设单位	是否对建设项目的勘察设计等进行招标;有无明示暗示设计单位违反国家强制性标准,降低工程质量行为;施工图是否经审查合格,有无重大变更及审查标准
勘察设计单位	审查资质等级证书,是否超越本单位资质许可范围或以其他勘察设计单位名义承揽工程;有无允许其他单位或个人以设计单位的名义承揽工程;有无转包或非法分包等现象
施工单位	审查上岗人员的资质,是否持证上岗;分包单位的资质情况;设计施工方案审批的情况;质量问题的整改和质量事故的处理情况
监理单位	审查有无无证上岗的情况;监管是否到位,有无"三边"工程的出现;审查施工单位建设资金是否到位,防止盲目开工;审查建设单位的工程立项审批是否通过
物资供应单位	审查供应商的资质情况;采购模式是政府采购还是自行采购,供应商是否参与了合法规范的招标活动;材料设备的质量好坏,是否经过质量检测

建设项目质量的好坏不只靠单纯的质量检查检验,除了建设、勘察、设计等单位的影响外,还受各建设环节的影响。因此,除对各参建方的质量审计把控外,还应对建设项目的建设流程进行质量审计把控。

1)招标阶段审计内容

审查项目招标时是否履行项目审批手续;招标人确定建设项目招标范围是否全面;招标标段划分是否合理;招标的组织形式是否合规;招标人是否以不合理的条件限制或者排斥潜在投标人;招标文件编制是否合理;合同标底的编制是否完整和合规等。

2)施工阶段审计内容

审查单位资质和人员的管理情况,以及施工组织设计和施工方案审批及执行情况;审查机械设备是否满足施工质量的需要及材料是否经检测合格;审查分包单位的质量实施管理并负责;审查质量验收情况及对质量问题的处理情况。

3)竣工阶段审计内容

审查建设单位是否按规定的工程质量验收标准进行验收;质量验收是否按照规定的内容进行;对建设项目质量归档资料是否进行检查;各项的使用功能进行抽查试验;对验收中认定不合格的工程,施工单位是否按要求进行返工或加固修补;各参建单位和建设相关部门是否按照规定的归档范围收集归档文件并整理装订[12]。

【案例】

(1)案例背景

某房地产开发公司建设项目已完成竣工验收,验收合格。在审计过程中,审计人员对屋面施工现场工程实物质量进行抽查。

(2)发现问题

审查过程中发现承包人未按设计图纸施工,偷工减料,导致屋面广泛渗漏。屋面渗漏部位主要位于伸缩缝、落水管、出屋面排气管及屋面板;该项目施工部分与原设计图纸相比,屋面防水构造中无2.0 cm厚粗砂隔离层、干铺无纺布一层、2.0 cm厚聚合物水泥基弹性防水涂料层及20 cm厚水泥砂浆找平层,伸缩缝部位另缺3.0 cm厚防水卷材。鉴定意见为:屋面构造做法不符合原设计,屋面渗漏范围包括伸缩缝、部分落水管、出屋面排气管及局部屋面板。

(3)问题分析

《中华人民共和国建筑法》(2019修订)第五十八条规定,建筑施工企业对工程的施工质量负责。建筑施工企业必须按照工程设计图纸和施工技术标准施工,不得偷工减料。工程设计的修改由原设计单位负责,建筑施工单位不得擅自修改工程设计。《建设工程质量管理条例》第二十八条规定,施工单位必须按照工程设计图纸和施工技术标准施工,不得擅自修改工程设计,不得偷工减料。

经审计人员调查分析,造成上述现象的主要原因是施工单位质量意识不强,不按规范和设计施工,偷工减料,导致质量不合格而返工等问题,直接影响到工程质量的控制。

(4)审计意见

审计小组针对上述问题提出"要求施工方进行返工维修"的意见。未按施工设计图纸施工是违约行为,承包人应根据违约造成的后果,依法承担修理、返工、改建、赔偿损失等责任。

(5)启示

按图施工是国家建筑法颁布的为保证工程质量的强制性条约,任何施工单位都必须严格执行。从现场检查来看,施工单位在工程质量管理上仍存在漏洞,质量意识不强,同时监理履职不到位,监理工作有待加强。

习　题

多选题

对于拟采购的目标承包商,一般需要了解其(　　　)。

A.资质情况　　　　B.施工能力　　　　C.社会信誉　　　　D.财务情况

第 11 章

经济责任审计

　　自经济体制改革以来,经济责任审计是与其他审计并驾齐驱且具有中国特色的一种特定审计方式,在我国的审计格局中占有十分重要的地位。经济责任审计能有效加强对党政领导干部的监督管理,深入推进反腐倡廉建设工作,对促进廉政建设具有重大作用。《关于实行审计全覆盖的实施意见》提到,对党政主要领导干部和国有企事业领导人员履行经济责任情况进行全面审计。因此,现阶段对建设项目进行经济责任审计很有必要。

11.1　经济责任审计概述

11.1.1　经济责任审计基本概念

　　经济责任审计,是指审计机关依法依规对党政主要领导干部和国有企业领导人员经济责任履行情况进行监督、评价和鉴证的行为[31]。这是首次在法规制度方面明确规定经济责任审计的概念。

11.1.2　经济责任审计发展历程

　　经济责任审计是我国独有的一种审计制度。随着我国经济体制改革的逐渐深入,经济责任审计不断趋向普遍化。自 1985 年开始,我国政府审计机关对经济责任审计开展了探索,并不断开展设立试点工作。1998 年起,中央纪委在菏泽开展领导干部经济责任审计试点,并提出在全国对党政领导干部和国有及国有控股企业领导人员开展经济责任审计。经济责任审计发展简程见表 11.1。

表 11.1　经济责任审计发展简程

1999 年 5 月	中办、国办印发关于经济责任审计的两个暂行规定	县级以下党政领导干部、国有及国有控股企业领导人员任期经济责任审计全面推开
2000 年 6 月	县以上试点,审计署开始省部长经济责任审计试点	这一阶段,经济责任审计工作在全国快速发展,实现了地厅级以下党政领导干部经济责任审计的制度化,并开始对省部级党政领导干部经济责任审计进行试点,得到了各级党委、政府和社会各界普遍重视和关注
2004 年 11 月	党政领导干部经济责任审计范围扩大到地厅级	
2006 年 2 月	经济责任审计正式写入《中华人民共和国审计法》	这一时期,经济责任审计全面推开,推行离任审计与任中审计相结合,探索党委和政府主要领导干部同步审计,经济责任审计在制度机制、技术方法、效果效能等方面得到发展,经济责任审计监督制度逐步完善,逐步走上法制化轨道
2010 年 10 月	中办、国办印发《党政主要领导干部和国有企业领导人员经济责任审计规定》	
2014 年 7 月	多个部门联合印发《党政主要领导干部和国有企业领导人员经济责任审计规定实施细则》	

11.1.3　经济责任审计的目的及作用

经济责任审计的主要目的是分清经济责任人任职期间在本部门、本单位经济活动中应当负有的责任[32],为纪检督察机关、人事部门及相关部门考核党政主要领导干部和国有企事业领导人员或兑现承包合同等提供参考依据。

经济责任审计无论是在保护国家财产的安全、完整、保值、增值方面,还是在健全领导干部的监督管理,促进廉政建设方面,都取得了显著成效,发挥了重要作用。主要体现在以下几点:

①有利于加强党政主要领导干部和国有企事业领导人员监管考核工作;

②有利于规范干部行为,促进廉政建设;

③有利于客观公正地确定划分前任、现任干部的经济责任。

11.1.4　经济责任审计的类别

将经济责任审计进行科学有据的分类,结合各种经济责任审计的特点,使得经济责任审计具有更强的针对性,抓住核心矛盾,突出审计重点,以便审计机构人员更客观公正地对干部经济责任审计作出评价,划分清楚被审计干部的经济责任。

①按照审计的内容,可将经济责任审计分为目标经济责任审计和破产经济责任审计[33]。

②按照审计的时间,可将经济责任审计分为事前经济责任审计、事中经济责任审计和事后经济责任审计[33]。

③按照被审计单位的性质,可将经济责任审计分为党政领导干部任期经济责任审计和国有企业领导人员任期经济责任审计[33]。

11.1.5　经济责任审计的特点

经济责任审计存在有别于其他审计形式的不同特点和特色,主要有以下4点:

1)审计目的特殊性

经济责任审计是审计监督与干部监督的结合,是为制约和监督权力运行服务[34];为加强对领导干部工作的监督,推进廉政建设服务。

2)审计对象特殊性

经济责任审计对象是履行经济责任的党政主要领导干部和国有企事业领导人员,以被审计人的任职期限来划分审计范围和审计项目。在此审计过程中,需要将具体的人员、事项考虑到位,更客观准确地进行经济责任审计。

3)审计程序特殊性

经济责任审计自立项开始,审计机关征求干部监督部门意见后列入项目年度实施计划;组织召开由干部监督管理部门和审计机关共同参与的审计进点会,被审计人在进点会上对任职期间经济责任履行情况和廉政建设情况开展汇报,现场被审计单位人员进行测评;审计项目实施结束后,审计组会征求被审计者的意见;经济责任审计结果要报送干部监督管理部门[34]。

4)审计内容特殊性

经济责任审计要审查被审计人任职期间的财政财务收支及其有关经济活动的真实性、合法性、效益性,还要检查被审计人在任职期间是否履行经济管理责任,是否完成相关的计划指标,是否妥善管理相关资产,是否恰当地管理债务和正确执行相关任务[35]。

11.2　经济责任审计的内容

11.2.1　经济责任审计的基础及依据

2014年7月中央经济责任审计工作部际联席会议审议通过的《党政主要领导干部和国有企业领导人员经济责任审计规定实施细则》明确规定经济责任审计评价的依据一般包括如下:

①法律、法规、规章和规范性文件,党内法规和规范性文件。
②政府工作报告、国民经济和社会发展计划报告、财政预算报告等。
③中央和地方党委、政府有关经济方针政策和决策部署。
④有关发展规划、年度计划和责任制考核目标。

⑤领导干部所在单位的"三定"规定和有关领导的职责分工文件,有关内部管理制度和绩效目标,有关会议记录、纪要、决议和决定,有关预算、决算和合同。

⑥国家统一的财政财务管理制度。

⑦国家和行业的有关标准。

⑧有关职能部门、主管部门发布或者认可的统计数据、考核结果和评价意见。

⑨专业机构的意见。

⑩公认的业务惯例或者良好实务。

⑪其他依据。

首先,经济责任审计在制订审计方式,实际开展操作,确定评价报告等过程中都需要遵守《中华人民共和国审计法》《中华人民共和国审计法实施条例》等相关法规条例;再者,还需要遵守公正原则、重要性原则、谨慎性原则以及实事求是的原则,如此才能更好地将经济责任审计精确、高效地开展。

11.2.2 经济责任审计的对象及范围

我国经济责任审计的对象及范围见表11.2。

表 11.2 经济责任审计的对象及范围

对 象	范 围
党政领导干部任期经济责任审计	省、地级市、县三级直属的党政机关、审判机关、检察机关、群众团体和事业单位的党政正职领导干部,以及乡、镇党委、政府正职领导干部
国有企业领导人员任期经济责任审计	国有独资企业、国有资产占控股地位或者主导地位的股份制企业的法定代表人(董事长或总经理)

11.2.3 经济责任审计的程序

1)接受委托

依据干部任职期限等情况,由干部管理部门负责制订经济责任审计计划,向审计处提出经济责任审计委托书,委托书中写明离任人员的任职期,交由审计部门执行。

2)制订审计方案,下达通知书

审计项目负责人根据被审计人所在单位的规模大小、业务特征及本项审计的复杂程度编制审计方案,做好人员分工,并提前3个工作日向被审计单位下达审计通知书。审计通知书中写明审计的范围及内容、审计时间、需要被审计人所在单位准备的资料等,并要求被审计人准备好任期经济责任审计有关情况调查表及报告。

3)审计实施

召开经济责任审计进点会,会议参与人员由审计组成员、被审计人及其所在单位有关人员组成,被审计人进行述职报告后回避,审计组继续听取其他领导及有关部门负责人对被审计人的反映及评价,了解是否有重大违纪违法问题等。审计实施阶段是经济责任审计的主要阶段,本阶段需理清被审计人在履行经济责任过程中是否遵守相关经济法律法规、是否遵守廉政建设相关规定等情况。

4)编写审计报告

审计组对审计事项有关的文件资料进行分析提炼,结合被审计人的述职报告和被审计单位的审计查证情况、座谈记录等资料,对所有审计证据综合分析,写出审计报告初稿。审计组成员相互讨论、统一意见修改后,征求被审计单位和被审计人意见,再根据被审计单位和被审计人反馈的合理意见进行修改,出具审计结果报告。

5)提交审计报告

正式报告写出后,由安全、生产、财务等有关处室负责人组成评议组,对审计报告和被审计人的工作情况进行评议。审计处根据评议情况编写审计决定书,要求被审计单位依照审计决定书开展整改,将整改报告报至审计处。《党政主要领导干部和国有企业领导人员经济责任审计规定》第三十一条规定:"被审计领导干部所在单位存在违反国家规定的财政收支、财务收支行为,依法应当给予处理、处罚的,由审计机关在法定职权范围内作出审计决定。审计机关在经济责任审计中发现的应当由其他部门处理的问题,依法移送有关部门处理。"

6)审计报告及审计决定书存档

审计组将经主管领导审批的审计报告抄送组织部、被审计人和相关单位,保存至被审计人档案,原稿存档。

11.3 经济责任审计现状

当前责任审计法规在实施过程中并不能应对所有的违规情况,从审计的程序到审计的内容,再到审计的书面报告,每一项责任审计的流程都有不完善之处。有些未进行明文规定的标准,在执行过程中存在法律漏洞。突出问题有责任审计的执行不规范、责任审计的结果不透明、审计人员素质和管理有待提高等[36]。

针对以上问题,可通过以下措施改进:

①完善审计法规。根据当前的审计实情,在现有审计准则的基础上,对审计的范围、情况、对象以及承担的责任方面进行更新完善。

②统一审计标准。将任中定期审计与届满离任审计有机结合。

③增加透明度。审计人员必须秉公办理,审计工作坚持做到高度透明,秉持客观公正的原则给出最终的审计结果。

④提高理论素质教育。对即将上岗以及在岗的审计人员进行定期的理论培训,并对专业知识进行评测,对未达标的审计人员采取一定的措施,以此提高人员整体的素质[36]。

习　题

一、多选题

以下属于审计实施阶段工作的是(　　　)。

A. 进驻审计　　　　　　　　　　　B. 内部制度测试

C. 完成审计工作底稿　　　　　　　D. 编写审计报告

二、判断题

审计报告是对具体审计项目的审计程序及其时间等所做出的详细安排。　　　(　　)

第 12 章 | JIXIAO SHENJI

绩效审计

为提高建设管理水平,对建设项目投资活动开展绩效审计很有必要。绩效审计通过对建设项目审计和审计调查,监督政府的决策行为,将审计监督贯穿于从前期准备、建设实施直至竣工投产的全过程[37]。普遍推行绩效审计,促进建设单位健全制度,有利于优化资源配置,对社会经济发展的促进有重大意义。

12.1 绩效审计概述

12.1.1 绩效审计的基本概念

绩效审计就是审计人员采用现代技术方法,依据一定的审计标准,客观、系统地对政府部门及企事业单位的项目、活动和功能就其实现经济性、效率性和效果性的程度进行独立评价,提出改进意见,改善公共责任[38]。其中,经济性是指以相对较低的费用取得有一定质量保证的资源,效率性是指以一定的投入取得最大的产出,效果性是指在多大程度上达到政策目标、经营目标和其他预期结果[39]。

绩效审计的概念是在 1991 年全国审计工作会议上由审计署正式提出的。从 2000 年开始,我国绩效审计的实践探索取得良好成效,政府绩效审计在青岛、深圳等试点都取得了可观的推广与发展。至 2003 年,深圳市审计局拓宽了绩效审计领域,例如:深圳经济特区污水处理厂、深圳市海上田园风光旅游区等项目开展的绩效审计得到了政府的高度重视,对绩效审计的推广起到了积极的影响作用。绩效审计具体的发展时间节点见表 12.1。

表 12.1 绩效审计的发展简程

时间节点	所处阶段	产生效果
20 世纪 80 年代初—21 世纪初	政府绩效审计思想萌芽阶段	绩效审计的试审对改善单位经营管理模式,提高经济效益,增收节支起了积极作用
20 世纪 90 年代	开展绩效审计理论研究	形成了绩效审计概念、绩效审计内容、绩效审计种类、绩效审计标准及绩效审计方法等一系列研究成果

续表

时间节点	所处阶段	产生效果
21世纪初—《审计署2006至2010年审计工作发展规划》发布	政府绩效审计试点探索阶段	丰富了思想萌芽阶段形成的关于政府绩效审计的一系列理论研究成果,为政府绩效审计在我国的全面推进奠定了坚实的基础
《审计署2006至2010年审计工作发展规划》发布至今	政府绩效审计全面推进阶段	政府绩效审计已经成为今后审计工作的重点内容和发展方向,政府绩效审计进入了全面推进阶段

12.1.2　绩效审计的目的及作用

绩效审计的目的主要是审查是否进行有效的管理,重点在经济性、效率性、效果性三个方面,具体体现在以下几个方面:

①促进建设单位更好地履行建设项目管理职责;

②促进建设资金得到合理、有效的使用;

③保证项目投产运营效果达到预期目标。

绩效审计的作用在于关注未来经济活动的改进,侧重提出促进提高绩效的建议,具体体现在以下几点:

①是投资者实行有效监督的需要;

②是加强对建设项目权力制约和监督的需要;

③有利于提高资金管理水平和使用效率;

④有利于建设项目后续运营实现预期效果;

⑤促进投资管理体制不断完善;

⑥是促进审计自身发展的需要。

12.1.3　绩效审计的特点

绩效审计具有如下特点:

①审计工作的独立性与客观性;

②审计结论的建设性;

③审计对象的真实性和合法性;

④内容范围的广泛性和限定性;

⑤审计过程的延续性;

⑥审计标准的多样性;

⑦审计方法的灵活性;

⑧审计的风险性。

12.2　绩效审计的范围及主要内容

12.2.1　绩效审计的范围

我国绩效审计的范围可以归结为以下两个大类：

①财政性资金支出。主要包括：a. 行政事业单位的经费支出；b. 国家投资建设项目；c. 其他各种专项公共资金的使用；d. 国际金融组织和外国政府援助、贷款项目。

②国有及国有资产占控股或主导地位的企业和金融机构。

12.2.2　绩效审计的主要内容

中国内部审计协会发布的《第 2202 号内部审计具体准则——绩效审计》明确规定，绩效审计主要审查和评价的内容如下：

①有关经营管理活动经济性、效率性和效果性的信息是否真实、可靠。

②相关经营管理活动的人、财、物、信息、技术等资源取得、配置和使用的合法性、合理性、恰当性和节约性。

③经营管理活动既定目标的适当性、相关性、可行性和实现程度，以及未能实现既定目标的情况及其原因。

④研发、财务、采购、生产、销售等主要业务活动的效率。

⑤计划、决策、指挥、控制及协调等主要管理活动的效率。

⑥经营管理活动预期的经济效益和社会效益等的实现情况。

⑦组织为评价、报告和监督特定业务或者项目的经济性、效率性和效果性所建立的内部控制及风险管理体系的健全性及其运行的有效性。

⑧其他有关事项。

12.3　绩效审计的主要依据与方法

12.3.1　绩效审计的主要依据

绩效审计的主要依据有：与项目有关的法律、法规、规章制度；国民经济与社会发展规划及政策方针；预算部门职能职责、中长期发展规划及年度工作计划；预算管理制度；资金及财务管理办法；经财政部门批准的预算方案或调整方案；财务会计资料；相关行业政策、行业标准及专业技术规范；各级政府或财政部门关于财政支出绩效评价的管理办法及规定等[40]。

12.3.2 绩效审计的方法

1)数量分析法

数量分析法即对经营管理活动相关数据进行计算分析,并运用抽样技术对抽样结果进行评价的方法。常用的数量分析法有线性规划、概率论、网络模型、马尔可夫分析、排队理论、对策论等[41]。

2)比较分析法

比较分析法即通过分析与比较数据间的关系、趋势或者比率获取审计证据的方法。该方法将反映被审计单位业绩的数据指标与相关的投入、业务指标、判断指标等进行比较,发现其优势或不足,用大量的技术经济分析方法去分析其投入与产出的比率关系,以考察是否实现了经济、效率和效果[42]。

3)因素分析法

因素分析法即查找产生影响的因素,并分析各个因素的影响方向和影响程度的方法。当分析多种影响因素的变动时,为探索某一因素变动的影响,假设其他因素是固定不变的,再进行逐项的分析。

4)量本利分析法

量本利分析法即分析一定时间内的业务量、成本和利润三者之间变量关系的方法。该方法以计算盈亏平衡点为基础进行项目成本与收益关系的分析,达到预测利润和控制成本的目的,因此又称为盈亏平衡分析法。

5)专题讨论会法

专题讨论会法即通过召集组织相关管理人员就经营管理活动特定项目或者业务的具体问题进行讨论的方法。通过专题讨论会,审计部门人员结合专家建议对存在的问题、操作措施开展讨论,了解多方面意见及建议。专题讨论会根据目的和要求,邀请相关人员进行研讨,一般为政府有关部门人员、领域专家等富有经验的人员。审计人员通过研讨会得到更深入的启发以及更有价值的观点,有利于审计工作得出更客观公正的审计结果。

6)标杆法

标杆法即对经营管理活动状况进行观察和检查,通过与组织内外部相同或者相似经营管理活动的最佳实务进行比较的方法。标杆法通过与内外部最佳范例的比较,寻找出被审计对象与先进水平之间的差距,进行有效分析,总结改善措施方法,有助于节约成本,加快审计工作的顺利开展。

7)调查法

调查法即凭借一定的手段和方式(如访谈、问卷),对某种或者某几种现象、事实进行考察,通过对搜集到的各种资料进行分析处理,进而得出结论的方法。审计人员需频繁向相关人员了解项目情况,以获取一些实际证据,线下调查法是审计人员在绩效审计工作中普遍使用的审计方法。此种方法可以实地访谈对象,收集建设项目有关事项的实际信息。例如,在某学校迁建项目审计中,审计人员与相关部门人员开展谈话调查了解情况,为审计工作查清建设资金流向奠定良好基础。

8) 成本效益(效果)分析法

成本效益(效果)分析法即通过分析成本和效益(效果)之间的关系,以每单位效益(效果)所消耗的成本来评价项目效益(效果)的方法。该方法将有形与无形的成本和效益转化为具有共同特征的事物进行比较分析。

9) 数据包络分析法

数据包络分析法即以相对效率概念为基础,以凸分析和线性规划为工具,应用数学规划模型计算比较决策单元之间的相对效率,对评价对象做出评价的方法。数据包络分析法包括比率分析、比较分析、时间序列分析、描述性统计分析。

10) 目标成果法

目标成果法即根据实际产出成果评价被审计单位或者项目的目标是否实现,将产出成果与事先确定的目标和需求进行对比,确定目标实现程度的方法。目标成果法与其他分析方法相比较为简单,便于操作,利用目标成果法可以发现产出与目标之间的差距以及偏离程度,从而锁定经营管理过程中的缺陷、失误和问题。

11) 公众评价法

公众评价法即通过专家评估、公众问卷及抽样调查等方式,获取具有重要参考价值的证据信息,评价目标实现程度的方法。该方法可以从多方面获取评价的标准,如参考其他模式相似项目的指标、聘请专家提供标准、有关部门划分的标准等。

12.4　绩效审计工作程序

绩效审计工作程序是国家审计部门人员进行绩效审计工作的操作步骤和基本内容。绩效审计程序的设置要符合法律、法规要求,在提高效率的基础上体现绩效审计的特点,主要包括审计准备、审计实施、编制提交审计报告、后续审计监督四个主要阶段。

12.4.1　审计准备阶段

1) 审计项目立项

绩效审计工作的主要任务是揭露资金管理和使用过程中存在的问题,提高资金管理水平和使用效益[43]。选定审计项目是开展有效绩效审计关键的第一步。

首先,开展可行性研究,确定审计项目。除政府、人大等部门的制订授权项目外,审计机关应当在正式实施审计前,深入、详细地调查被审计单位的管理现状,遵循重要性和可行性原则,考虑审计环境和条件、分析成本效益、预计审计成果及审计人员的能力水平,分析发现问题,确定是否对其进一步实施绩效审计。

例如,中华人民共和国香港特别行政区政府审计署通过制订衡工量值式审计的五年战略计划,再按照重要性、风险性、时间性、增值性和可行性五个标准进行项目评分,对大约20个项目进行优次顺序的排列,将其编制为一年度的项目纲要。

2)编制审计方案

根据审计对象的情况,以前期调查报告为基础,分析绩效审计要达到的目标效果,提出问题并以问题为依托收集有关材料,判断是否开展全面的调查评估。在充分评估的基础上着手编制绩效审计方案。

绩效审计方案主要包括审计目标、审计范围、审计方法、审计程序、时间安排和人员分工等。审计方案的编制要充分考虑可操作性,尽可能细分项目并突出审计重点内容,所采用的审计方式方法和技术手段应详细罗列。明确审计取证的基本要求,以审计结果报告的编写为最终目标,写明每一阶段需要搜集的材料信息。审计报告的内容既要详尽,又要有一定的可变空间,便于根据实际情况及要求灵活实施。审计方案在审计组成员统一讨论通过后,上报审计机关审核批准。

12.4.2　审计实施阶段

实施阶段可以分为3个步骤,即收集审计证据、分析评估审计证据并得出审计结论、找出需要改进的地方并初步形成审计建议[44]。在审计实施阶段,审计人员应针对不同的审计项目规定不同的审计标准,将评价标准的来源与特点进行充分分析,关注国家有关部门审计标准、审计行业标准、审计专业标准,以及之前审计的判断标准、实务标准等。要对标准体系进行整理,使评价标准具有相关性、客观性、全面性、完整性、可靠性、可比性。

12.4.3　编制提交审计报告

审计人员在审计证据分析评价的基础上形成审计结论。审计小组负责编制绩效审计报告初稿,与被审计单位交流沟通后,报审计机关复核机构复核,经过合理必要的修订后报审计机关审定,然后将正式审计报告提交至相关部门,并按照有关规定向外界公告(审计报告模板详见第9章)。

12.4.4　后续审计阶段

后续审计阶段的内容有两个:
①追踪审计具有时滞性的效果,以便尽可能全面地评价审计对象。
②审查被审计单位针对审计报告的意见和建议而采取措施的及时性和有效性,并对实施效果进行评价[44]。

后续审计在整个绩效审计工作中占据重要位置,审计工作结束后,需要依靠后续检查监督工作保证审计建议有效执行。

习　题

一、多选题

国家审计程序包括(　　)。

A. 审计准备　　　　　B. 审计实施　　　　　C. 审计报告　　　　　D. 审计处理

二、判断题

签订审计业务委托合同是国家审计的程序之一。　　　　　　　　　　　(　　)

三、简答题

简述编制审计方案应当包括的基本内容。

第 13 章

建设项目资源环境审计

随着工业化的迅速发展,一些地区为了追求经济效益而以破坏资源环境为代价,忽视自然资源环境可持续发展的重要性,导致环境不断恶化和资源快速消耗。例如,温室效应导致全球变暖,乱砍滥伐导致森林资源减少等环境问题日趋严峻,严重威胁到人类社会的发展。资源环境审计作为环境治理的现代方法之一,是保护环境的重要手段。

13.1　资源环境审计概述

13.1.1　资源环境审计的概念

资源环境审计是审计机构在经济可持续发展理论的引领下,对被审计单位资源环境使用情况进行真实性、合理性的验证,是检验其资源环境利用状况及经济责任履行情况的审计,其中包括水资源、土地资源、矿产资源、森林资源、草原资源等资源开发利用等方面内容[27]。

资源环境审计作为一种环境治理的审计方法,具有政策性和专业性强、涉及面广的特点,体现了绩效审计的本质特征,呈现出多元化的审计工作格局。

开展资源环境审计工作,可以及时发现和解决资源环境保护工作中存在的问题,及时反馈和纠正政策执行中的问题,确保资源环境政策落到实处,维护资源环境安全,推动生态文明建设。

13.1.2　资源环境审计的发展历程

资源环境审计从提出到在我国推行经历了一段漫长的时间,至今还在成长阶段[25]。资源环境审计的发展历程详见表13.1。

表 13.1   资源环境审计发展历程

阶　段	历　程
起步阶段 （1983—1997 年）	资源环境审计最早产生于 20 世纪 70 年代西方发达国家企业内部。当时,一些企业为降低资源和环境方面的风险,自发地制订了一些资源环境审计计划。虽然当时资源环境审计的应用范围比较狭窄,且未形成统一的方法,但正是从那一时期起,资源环境审计作为一种新的审计门类在实践中迅速发展起来,并且在国际社会得到了越来越多的重视和应用。而我国在这一阶段尚未明确提出"资源环境审计"的概念
探索阶段 （1998—2002 年）	1998 年审计署设立农业与资源环保审计司,负责组织开展资源环境审计工作。农业与资源环保审计司的成立,标志着我国资源环境审计新阶段的开始。2000 年,中国审计长当选为亚洲审计组织环境审计委员会主席。2002 年,我国审计署当选为世界审计组织环境审计委员会执委会 15 个成员单位之一,从此中国资源环境审计的国际交流活动逐步活跃
发展阶段 （2003—2008 年）	2003 年,审计署成立环境审计协调领导机构,组织各专业审计从资源环境视角开展相关行业审计。资源环境审计呈现出多元化的态势,逐渐成为一项综合性、系统性的工作。2008 年,审计署出台审计工作五年发展规划,明确将资源环境审计列为六大审计类型之一,并提出着力构建符合我国国情的资源环境审计模式
总结提升阶段 （2009 年至今）	2009 年,审计署发布《审计署关于加强资源环境审计工作的意见》,指导全国各级审计机关积极开展资源环境审计实践。2015 年 3 月,环境保护部发布《关于开展政府环境审计试点工作的通知》,并在兰州率先开展政府环境审计试点,这标志着我国的资源环境审计工作从理论走向了实践

13.1.3   资源环境审计的理论体系

1) 可持续发展理论

可持续发展是指既能满足目前社会的需要,又不影响后代发展需要的发展。可持续发展的对象是经济和资源环境的有效结合,即在生态环境的循环不受到威胁的前提下,避免透支资源环境,追求经济与资源环境和谐发展。因此,如果要对当下社会中的生产部门进行资源使用情况和生态破坏情况监督管理,就需要有权威性的政府部门采取一定的措施手段,资源环境审计就是其中的措施之一。

2) 环境资源价值理论

环境资源价值理论是在资源价值的基础上提出的,主要是指生态环境在人类生存发展过程中的分量以及其存在的意义。近年来,过度开采自然资源行为频频出现在人们的视野中,有些地区甚至开始出现资源枯竭的现象,严重破坏了生态环境,如甘肃白银的过度开发,致使当地发生严重的水土流失等生态问题。然而这些环境问题的产生正是因为工业迅速发展,同时资源环境被破坏也制约了工业的进一步发展。因此,在生产过程中要减少自然资源消耗,拓展资源的使用用途,使有限的资源环境可以发挥最大的价值。

3）受托环境责任

受托环境责任是受托责任关系发展的新产物，是资源环境审计产生的基础。企业不仅是资源环境的消耗者，也是破坏者。因此，政府对企业的监督管理措施，不应该仅仅局限于经济方面，环境方面也需要着重监督考核。为了避免资源环境的浪费和破坏成为经济发展中资源利用的障碍，公共部门承担起了保护环境的责任，因此称为公共受托环境责任[27]。

13.1.4 资源环境审计的主客体

1）资源环境审计的主体

依照资源环境审计的发展形势，资源环境审计主要分为政府审计、民间审计和内部审计。资源环境审计分类如图 13.1 所示。

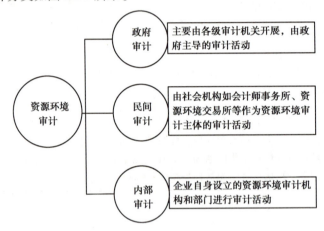

图 13.1 资源环境审计分类

（1）政府审计

政府审计主要由各级审计机关开展，由政府主导的资源环境审计更具有权威性，同时可以同税务、财政、环保等部门联合进行审计，能更好地发挥政府的监督职能。

（2）民间审计

民间审计由社会机构作为资源环境审计主体，例如会计事务所、资源环境交易所等。

（3）内部审计

内部审计是由企业自身设立的资源环境审计机构和部门进行审计活动。

资源环境审计覆盖范围较广、时间跨度大、情况比一般审计更复杂，需要足够的人力、物力、财力做保障，只有拥有较完善的组织体系和强有力的财政支持的国家审计机构，才能有效地完成审计任务。除此之外，被审计单位在建设环境管理系统时，短期内成本大于效益，所以企业很难主动开展资源环境审计，但是政府可以凭借自身的权威性保证资源环境审计的顺利实施。因此，在很长一段时间内，政府审计将居于主导地位。

2）资源环境审计的客体

资源环境审计重点审查政策法规制定的合理性、在执行过程中存在的偏差以及政策落实对周围环境改善的作用,以此提高政策对企业环境保护的引导作用和污染行为的约束作用。因而,在资源环境审计中,应对产权取得的合法性、行使的合规性和交易的公开透明性进行评价和鉴定,以确保环境审计实施的有效性,减少对环境的污染和破坏。

13.2　资源环境审计流程

13.2.1　资源环境审计流程

虽然资源环境审计的流程与一般财务审计的流程大体一致,但是它也有自己的特点。一般财务审计的流程为客户确认、确认审计计划、收集和评价审计证据、评估和报告。而资源环境审计的流程为预审核阶段、现场审核阶段、审核后阶段[28]。资源环境审计流程如图13.2所示。

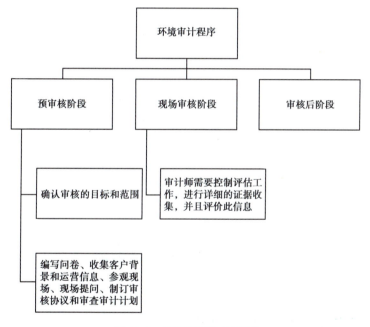

图13.2　资源环境审计流程

13.2.2　资源环境审计的原则、目标和保障

1) 资源环境审计的原则

每个事物的存在都是独一无二的,所以资源环境审计也会因为实际情况的不确定而存在差异,但大体上资源环境审计应遵循透明性原则和外部影响内在化的原则。资源环境审计的透明性是指资源环境审计中的各项核算方法、程序拟订和限制条件都应该以清楚、真实、通俗、易懂的方式披露。资源环境审计的外部影响内在化是把企业造成的环境损失算入企业的财务中,计入成本,让企业的成本可以真实地反映出来,准确地评估企业收益。

2) 资源环境审计的目标

审计目标是指经过相关的审计工作能够使审计成果达到预期的效果。一般情况下,传统审计的目标是检验有关财务报表是否按照恰当的会计准则和会计制度进行编制,是否真实地反映了被审计单位的财务状况、经营成果、现金流量。作为传统审计的延伸,资源环境审计的目标部分延续了传统审计的基本目标,除了依然要对与环境产权相关的财务报告进行审计外,更重要的是要对环境产权情况进行审计,并对企业周围的居民进行情况调查和访问,了解真实情况,以达到真实地反映社会整体成本与收益的目的。

3) 资源环境审计的保障

资源环境审计工作的开展不仅依靠政府的推行,更要求执行环境审计的机构自身具备一定的工作能力及相关权利,才能让资源环境审计工作的展开得到保障。资源环境审计的保障内容见表 13.2。

表 13.2　资源环境审计的保障内容

资源环境审计机构的能力	保障内容
独立能力	指审计机构和人员主观上能够公平、公正地实施检查,撰写反映客观情况的审计报告
胜任能力	在执业时,审计人员应具备所必需的专业知识、技术、经验和职业道德,对所出具的审计结果和意见负责
环境产权关系明晰	指环境产权必须能够指定所有权人,从公有产权分离出来的权利必须能自由交易

13.3　资源环境审计效果

13.3.1　资源环境审计的主要成果

资源环境审计是国家审计的一项重要内容,对促进我国环境资源的可持续发展发挥了重要作用。因此,尽管我国资源环境审计目前还处于探索阶段,但是也取得了一些成果。

1) 资源方面

通过对土地、矿产、水等资源的审计,揭露了一些地方无节制利用资源、保护制度实行不到位、生态失调严重等问题。通过对这些问题的剖析,引起国家有关部门对资源环境的重视,促进资源环境管理制度的完善以及加强人们的环境保护意识。

2）环境方面

通过对空气等生态环境的审计,曝光以破坏生态环境、危害人民身心健康为代价的资源利用行为,督促有关部门更好地完善相关的法律法规,促进生态环境和谐发展。

13.3.2　资源环境审计面临的障碍

目前我国资源环境审计尚处于探索阶段,在许多方面都存在不足,且各地发展不均衡,许多领域还未涉及。具体表现在以下方面:

1）对资源环境审计发展的重要性认识不足

目前,大多数人还没有意识到资源环境审计推行的重要性,特别是审计人员还没有认识到。另外,国家审计机关每年计划的资源环境审计项目不多,特别是基层机构间隔很长时间才能被安排到一个项目,致使资源环境审计监督的内容比较稀薄,没能使资源环境审计对环境保护的作用发挥到极致。

2）资源环境审计人才匮乏

资源环境审计的概念虽然早已出现,但是在我国是近几年才逐渐被重视的。国家审计署虽然已经设立有资源环境审计司,但是目前资源环境审计在我国还处于初期发展阶段。资源环境取之有尽的特点,决定了资源环境审计的特殊性,这要求资源环境审计的从业人员不仅要懂得财务知识和审计方法,又要具备自然资源有关专业的知识素养。

3）资源环境审计缺乏健全的法律法规体系

虽然我国现行的法律法规体系在管理资源环境方面为审计机构进行资源环境审计工作提供了参考依据,但是专业性资源环境审计法律法规还很少,《中华人民共和国审计法》以及《中华人民共和国国家审计基本准则》等审计法规中都没有提及资源环境审计的有关内容和具体实施办法等,缺少法律依据作为支撑,致使审计人员在资源环境审计过程中可能会因为缺少审计依据,不能获取有力的审计证据,从而阻碍了资源环境审计工作有效地进行。

13.3.3　资源环境审计的建议

当前,我国正在大力推行可持续发展理念,审计机关在建设可持续发展社会中责无旁贷。在当前形势下,审计机关要做好资源环境审计工作,需要进行以下5个方面的完善。
①加强资源环境审计队伍建设。
②不断完善资源环境审计范围和内容。
③注重创新审计组织方式和方法。
④加快资源环境审计立法。
⑤建立健全资源环境审计标准体系。
资源环境审计完善要点如图13.3所示。

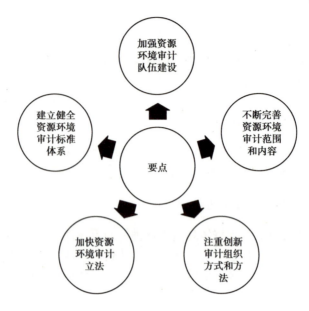

图 13.3　资源环境审计完善要点

【案例】A 公司炉渣钛资源环境审计

1）案例背景

B 地是我国重要的钒钛磁铁资源产地,其钛资源存储量约占全国总存储量的95%。本案例主要是针对资源环境审计的对象特点,着重关注 B 地钛矿中钛资源的利用,这对我国资源环境的合理利用和保护有着重要意义。

2）案例情况和审计过程

（1）根据项目特点明确资源环境审计要点

B 地钛矿中二氧化钛平均含量达到10%,具有极大的利用价值。审计人员通过询问得知,A 公司进行生产的原材料主要来自 B 地的钛矿。审计人员对企业钛资源的利用情况做详细调查后发现,A 公司仅利用存在于尾矿中的钛,其他矿中的钛未得到充分利用。经进一步调查得知,其他矿通过高炉冶炼可以形成含有20%左右二氧化钛的高炉渣,在目前的技术条件下,这种炉渣难以被二次利用,这表明钛的利用率只有17%左右,这一现象与当地丰富的钛资源形成强烈反差,由此可知高炉渣的再次利用成为资源环境审计的要点。

（2）围绕审计要点,按图索骥

根据审计思路,审计人员就钛资源的利用情况与该公司相关人员进行交谈。根据相关人员的汇报,顺着高炉渣的来源和去处发现 C 公司将高炉渣大部分用于开发碎石、矿渣砂以及路沿石等建筑材料,由此可见,其中的钛资源完全被浪费了。

另外,审计人员把 A 公司对高炉渣的利用这一行为列入其环境控制成本核算范围内。为核算清楚这个成本,审计人员进入企业生产车间,走访有使用钛资源生产的相关企业,通过实地考察,审计人员了解了企业的生产工艺和生产过程中的资源利用情况。

（3）找准关键环节,协调沟通

了解企业的生产工艺和生产过程后,由于不同岗位的工作人员对资源环境综合利用的看法和意见不一致,经过专家们讨论,确定了高炉冶炼后高炉渣的二氧化钛含量为20%这一结论。通过查阅计算可知,从被用作建筑材料的高炉渣中流失的钛资源竟达400万吨左右,损失重大。虽然从高炉渣中提取钛资源的技术还有待提高,但是审计人员从国家长远利益和资源保护等角度与企业进行沟通,最大限度保证审计证据的充分性和合理性,最后以审计人员据理力争的坚定态度和准确充分的数据资料说服了企业负责人,双方达成了一致意见。

第 14 章

| BIM ZAI JIANSHE XIANGMU QUANGUOCHENG SHENJI ZHONG DE YINGYONG

BIM 在建设项目全过程审计中的应用

建筑信息模型(Building Information Modeling,BIM)技术自 2002 年被引入建筑业以来,由于其全过程、全方位、动态宏观的管理理念被视作建筑业的二次革命力量,一直备受关注。本书对其应用各个阶段的优势以及目前出现的发展障碍进行分析,希望对 BIM 技术在建设项目审计领域的推广有一定的借鉴作用。

14.1 BIM 的概念及特点

14.1.1 BIM 的概念

BIM 是以建设项目的各项相关信息数据为基础,建立起三维的建筑模型,通过数字信息仿真模拟建筑物所具有的真实信息。它具有信息完备性、信息关联性、信息一致性、可视化、协调性、模拟性、优化性和可出图性等特点。

随着 BIM 技术在我国的快速发展,它不仅获得了国家政策支持,而且在理论研究方面也得到了高度重视,特别是在建设项目上得到了广泛应用。在此基础上,BIM 技术不断向更深层次应用转化。

14.1.2 BIM 的特点

BIM 是一个完善的信息模型,能连接建设项目全生命周期不同阶段的数据过程和资源,支持建设项目全生命周期中进行动态信息创建、管理与共享。BIM 一般具有表 14.1 所示的特点。

表 14.1 BIM 的特点

特 点	主要内容
精准算量	解决建设项目超概算、决策失误或冗长等问题
BIM 5D	解决建设项目关键信息传递不及时、工期滞后、超预算等问题

续表

特　点	主要内容
关联性	BIM中的对象可相互关联,系统能够对其中的数据信息进行整理与分析,并生成相应的图形和文档,以保持模型的完整性,有利于建设项目实施过程项目修改与更新
一致性	BIM在建筑生命期的不同阶段模型信息是一致的,同一信息无须重复输入而且信息模型能够自动演化;有利于建设项目中对象在不同阶段可以简单地进行修改和扩展,而无须重新创建,从而减少了信息不一致的错误

14.2　BIM在建设项目全过程审计中与传统方法相比的优势分析

在建设项目全过程审计中,BIM与传统方法相比有如下优势:

1) 高效、准确

传统模式下,基于2D CAD图纸的建设项目分阶段审计工作是相当烦琐的,审计人员需要根据建设单位提供的图纸逐个构件进行手工或电子表格辅助算量,易出现效率低、费时多、数据修改不便、工程量核对时间长、漏算或重复计算工程量等问题。

而基于BIM技术的建设项目全过程审计,在造价管理过程中,BIM模型数据库不断修改完善,相关的合同、设计变更、现场签证、计量支付等信息也不断录入与更新。到竣工结算审计时,审计人员只需对BIM算量模型进行检查、核对工程量,无须重新手工或建模算量,节省了大量的时间,提高了工作效率。

2) 易学、直观

相比之下,基于BIM的建设项目全过程审计更易学习。因为BIM算量软件是根据现行的工程计价规范、标准及计算规则进行开发的,专业知识、工程算量已经植入软件中,由软件根据模型实际情况处理、分析。审计人员只要能够看懂建筑工程CAD图纸,具备简单的计算机知识,经过一定时间的BIM算量软件培训就能从事BIM全过程工程造价审计。同时,BIM可视化的功能可以随时查看三维模型,非常直观明了。

3) 工程数据保存方便

在传统模式下,建设项目审计完成后,很多工程资料(如现场签证单、竣工蓝图等)需要退回给建设单位归档送档案馆保存。利用BIM算量模型进行审计可以对相关指标进行准确的分析、抽取并形成电子资料,方便保存和共享。

4) 信息共享程度大

BIM的核心在于对原来分工造成的信息孤岛及碎片高效地整合在一起,其运作主要利用建筑物构件以特定的信息标准表达,利用此标准可让各专业人员在进行自己负责的作业时,同时了解别人的作业内容。

因此,在 BIM 环境下操作时,便可及时进行沟通探讨,有效减少错误或瑕疵的发生,快速整合专业间的歧视或误解,可避免因重复劳作而浪费的时间与成本。而在传统分阶段审计模式下,信息共享都是通过人工收集、整合与传递,信息共享程度差,冗余度大,传递速度缓慢。

BIM 技术作为一种信息化技术,正在推进建筑业的信息化发展。在建设项目审计中,与传统方法相比,BIM 技术极具优势,详见表 14.2。

表 14.2　BIM 技术与传统方法相比的优势分析

BIM 全过程工程造价审计	传统分阶段审计方法(基于 2D CAD)
检查与核对工程量高效、准确	效率低、费时多、数据修改不便、工程量核对时间长
可视化、专业、易学、直观	传统二维画面、信息平面表达、构件扣减关系缺少自动化
工程数据智能保存,实时且方便	人工管理收集,无快速、高效存储软件或设备
信息共享程度高	共享性差,冗余度大

14.3　BIM 在建设项目全过程审计中的具体应用

14.3.1　建设项目决策阶段审计

从立项决策开始,建设项目全过程审计和 BIM 进行接轨,利用其高效准确、直观可视、数据共享等特性能够在不同程度上简化建设审计工作,化繁为简,节省人力物力。

传统的决策阶段审计主要是从项目的决策、可行性研究入手,审查相关手续审批是否严格按照国家政策和项目规定开展,有无完整的相关文件(如项目建议书等)和其他证据支持。

在建设项目决策阶段,将 BIM 技术运用到审计过程中,可以实现 BIM 模型创建和 BIM数据共享,帮助审计人员通过 BIM 从项目相关文件提取数据,通过关键字的检索可以快速查找到需要的文件,极大地节省了信息交流的时间,提高了审计审阅相关文件的效率,节约了审计成本。

14.3.2　建设项目准备阶段审计

建设项目准备阶段审计内容主要包括项目的勘察设计以及招投标活动。在此阶段考虑项目的效益性问题,传统的审计方法有一定难度。因为从审计角度来看,要全面了解项目设计的目标和可行性研究目标是否吻合,然而利用现有的审计技术是很难进行对比的。若采用 BIM 技术,可用相关软件对日照、可视度、光环境、热环境、风环境等进行仿真模拟并加以分析,充分考虑环境与项目之间的交互影响。利用 BIM 的三维视图对项目设计图纸进行管线碰撞检查,同时也减少了后期可能出现的设计变更等情况,极大地提高了审计效率,减轻了后期审计的压力[2]。

14.3.3　建设项目实施阶段审计

传统的项目实施阶段审计最主要的内容是对造价的控制,是对"计算工程量—套价—取费"这个环节进行审计,例如计算工程量的变动是否合理,价格的选取是否符合市场要求。而对进度、质量、安全这三个目标的审计相对来说不够重视,其原因主要是各个项目具有自己独特的特点,专业性较强,审计人员力量不足。

通过 BIM 技术,审计人员可以对进度、质量、成本、安全这四个目标一视同仁,在审计中运用 BIM 施工模拟功能,制订施工计划,将施工过程以直观、精确的动画方式呈现出来。审计人员可以通过对比 BIM 进度与实际进度,评估施工单位的成本控制、工期控制、材料采购控制的能力,与多方进行积极的信息沟通,提高项目施工的效益性和效率性。

14.3.4　建设项目竣工和运维阶段审计

由于 BIM 中的算量软件是基于现行的工程计价、标准及规范进行开发的,工程量计算规则已经包含在软件的数据库中,能自动根据项目的实际情况进行计算分析。和传统的审计方式相比,它能减少审计人员的工作量,降低审计成本。BIM 模型在创建之初就考虑了项目的竣工、运营和维护,它所包含的数据为审计人员对建设工程项目后期的全过程审计提供了方便。

参考文献

[1] 赵庆华.工程审计[M].2版.南京:东南大学出版社,2015.

[2] 李三喜,李玲.建设项目审计精要与案例分析[M].北京:中国市场出版社,2006.

[3] 连友农.颁布实施《审计法》的现实意义[J].广西审计,1994(5):20.

[4] 刘清霞,姚海慧.工程建设法规与案例分析[M].武汉:武汉大学出版社,2014.

[5] 黄华,人力资源和社会保障部教材办公室.职业道德[M].3版.北京:中国劳动社会保障出版社,2013.

[6] 朱红章.工程项目审计[M].武汉:武汉大学出版社,2010.

[7] 中国内部审计协会.第3201号内部审计实务指南——建设项目审计[EB/OL].[2021-07-05].

[8] 韩杰.浅析EPC总承包模式的项目管理要点[J].项目管理技术,2014(1):20-24.

[9] 焦旭升.浅析EPC总承包模式的项目管理要点[J].全面腐蚀控制,2016(05):1-2.

[10] 汤伟纲,李丽红.工程项目投资与融资[M].2版.北京:人民交通出版社,2015.

[11] 天职(北京)国际工程项目管理有限公司.建设项目跟踪审计实务[M].北京:中信出版社,2013.

[12] 李永福,杨宏明,吴玉珊,等.建设项目全过程造价跟踪审计[M].北京:中国电力出版社,2016.

[13] 肖燕武,方前程,陈丽.招投标与合同管理[M].哈尔滨:哈尔滨工业大学出版社,2015.

[14] 唐芬.我国工程建设项目审计体系构建研究[D].天津:天津大学,2007.

[15] 时现.公私合伙(PPP)模式下国家建设项目审计问题研究[J].审计与经济研究,2016(03):3-9.

[16] 李亮.加强BT模式项目投资决算审计的思考[J].企业导报,2011(11):42.

[17] 张勇,肖跃军.关于建设项目全过程跟踪审计的若干思考[J].中国科技纵横,2011(03):97-98.

[18] 孙庆钢,韩继超,李华.工程建设项目设计审计工作浅析[J].科技风,2014(10):141.

[19] 钱佳明.提高工程造价审计质量的五大环节和工程案例[J].上海建设科技,2012(04):6.

[20] 韦秋杰.建设工程计价模式比较与结算审核研究[D].重庆:西南大学,2010.

[21] 连欣,王革平.全过程造价咨询业务在政府投资项目中的应用研究[J].工程经济,2015(08):47-51.

[22] 审计署农业与资源环保审计司.资源环保审计案例[M].北京:中国时代经济出版社,2014.

[23] 俞雅乖.环境审计:理论框架和评价体系[M].北京:社会科学文献出版社,2016.

[24] 盛浩.我国资源环境审计现状研究[J].时代金融,2017(15):242.

［25］白新华.低碳视角下环境审计程序设计及应用［J］.财会通讯,2016,720(28):76-78.

［26］张莉.我国环境审计的现状、障碍及对策［J］.审计与理财,2011(08):21-22.

［27］孙丽华.党政领导干部经济责任审计面临的难点及对策［J］.审计与理财,2015(12):25-26.

［28］王秋菊.经济责任审计实务问题研究［J］.经济研究导刊,2013(19):173-174.

［29］曹建霞.浅谈市场经济条件下的经济责任审计［J］.江苏水利,2005(01):43-44.

［30］於芬红.经济责任审计模式研究［J］.财经界,2016(08):305.

［31］廖洪超.浅析经济责任审计的特殊性［J］.现代经济信息,2013(05):198.

［32］代长青.浅谈我国经济责任审计存在问题与解决措施［J］.现代营销(学苑版),2017(01):135.

［33］赵天华.绩效审计在建设项目中的应用研究［D］.黑龙江:东北石油大学,2011.

［34］王春飞.政府投资项目绩效的审计研究［D］.青岛:中国海洋大学,2008.

［35］吴雯瑾.再议平衡计分卡(BSC)对医院绩效审计评价指标的思考［J］.商,2013(07):74.

［36］中国资产评估协会.财政支出(项目支出)绩效评价操作指引(试行)［J］.中国资产评估,2014(07):15-24.

［37］徐彦山.论现代管理中的数量分析方法［J］.哈尔滨市委党校学报,2008(05):27-30.

［38］高国圣.政府绩效审计理论与实务研究［D］.哈尔滨:东北林业大学,2005.

［39］张晓春.县级审计机关开展绩效审计需要解决的几个问题［J］.现代审计与经济,2012(05):32.

［40］唐云.政府绩效审计及其应用研究［D］.成都:西南财经大学,2006.